U0896007

贵州旅游扶贫国家示范项目纪实丛书

传统村落旅游资源开发与保护

——以六盘水市为例

范贤坤/著

本书获2016年贵州省出版传媒事业发展专项资金资助

本书系贵州省教育厅普通本科高等学校自然科学研究项目

青年科技人才成长项目：《六盘水地区传统村落旅游资源开发与保护研究》

（合同编号：黔教合KY字[2017]272）的研究成果

图书在版编目（C I P）数据

传统村落旅游资源开发与保护 ： 以六盘水市为例 / 范贤坤著. -- 贵阳 : 贵州大学出版社, 2018.9
ISBN 978-7-5691-0156-0

Ⅰ. ①传… Ⅱ. ①范… Ⅲ. ①村落－旅游资源开发－研究－六盘水②村落－旅游资源－资源保护－研究－六盘水 Ⅳ. ①F592.773.3

中国版本图书馆CIP数据核字(2018)第199784号

传统村落旅游资源开发与保护

——以六盘水市为例

著　　者：范贤坤

出 版 人：闵　军
责任编辑：周　清
责任校对：申　云
装帧设计：陈　丽　方国进

出版发行：贵州大学出版社有限责任公司
地址：贵阳市花溪区贵州大学北校区出版大楼
邮编：550025　电话：0851-88291180
印　　刷：贵阳精彩数字印刷有限公司
开　　本：889 毫米 ×1194 毫米　1/32
印　　张：9.5
字　　数：222 千字
版　　次：2018 年 9 月第 1 版
印　　次：2018 年 9 月第 1 次印刷

书　　号：ISBN 978-7-5691-0156-0
定　　价：32.00 元

序

肖波[1]

传统村落是中国传统文化的重要载体，凝聚着中国人民在长期生产生活中积累的智慧和劳动成果。传统村落保存着大量的物质文化遗产和非物质文化遗产，是地区重要的文化资源，有待各地发掘、保护和利用。

当今中国的城镇化进程处于快速发展时期，许多传统村落面临现代生活方式的冲击，广大农村年轻人正在遗忘传统生产和生活方式，进而面临传统社会解体、村寨空心化和老龄化的严峻现状。如果不加以重视和保护，传统村落甚至有濒临消亡的可能。

党的十八大、十九大提出中国要走新型城镇化、乡村振兴和生态保护建设战略发展路子。城乡建设发展要高度重视生态环境保护、重视传承传统文化、重视农村振兴，确保能看得见青山绿水，确保能留得住乡愁。各地需要认真调查和摸清本土文化资源，积极倡导传承本地域优秀传统文化，重塑城乡人民对民族文

① 肖波，六盘水师范学院城乡规划系主任、副教授，注册城市规划师。

化的认同感、自豪感和归属感，在城乡转型发展过程中保护好和利用好本土文化资源，打造富有强大竞争力的城市文化品牌，带动城乡协调发展，最终实现共同小康社会的战略目标。

六盘水市是三线建设时期兴起的一座重工业城市，有着独特的山地喀斯特地形，淳朴善良的劳动人民在这里缔造了独特的黔西北乌蒙山区山地城市文化。六盘水市的城市发展过去以重工业为主，如今城市积极转型发展，率先提出“三变”政策，大力发展绿色农业、旅游业、养老产业、体育产业、高新技术产业，力争建设成西南地区重要的中心城市和国际标准旅游度假城市。目前六盘水市正重新审视和调查摸清城市资源，切实把“三变”政策贯彻到城乡建设发展中，大力推进脱贫攻坚工作，争取2020年与全国其他地区同步实现小康。

贤坤同志的《传统村落旅游资源开发与保护——以六盘水市为例》一书即将付印，甚是欣慰。该专著是作者多年传统村落研究工作的一个总结和升华，是在城市转型发展，大力发展旅游产业、养老产业和体育产业等背景下的一次有益尝试，对城市文化资源保护、利用和开发具有显著帮助。作者是六盘水市优秀的年轻教育工作者和科研工作者，长期承担繁重的教学和专业建设工作，工作之余积极指导学生开展各类科研活动，成绩斐然，硕果累累。相信作者后续还会有更多更好的作品不断推出，恭贺之余，作序以表鼓励。

前　言

传统村落是人类物质形态与非物质形态文化遗产，凝聚着人类漫长岁月中劳动的智慧，遗留有各时期生产、生活的痕迹，具有较高的历史、社会、文化、科学、经济、艺术价值。传统村落社会环境中承载着中华民族农耕文明和传统文化，蕴藏着丰富的自然生态景观资源和厚重的传统文化信息，是各地村民生产生活等活动的物质文化载体，是地理环境和区域文化以及乡土特色集中呈现的综合体，是不可再生的宝贵遗产资源。随着社会经济发展，多数传统村落面临消亡的处境。近年来，随着我国现代化建设和人民生活水平的提高，都市生活节奏的不断加快和工作压力的不断增加，人们愈发渴望回归自然，体验原始淳朴的生活，而传统村落以其独特淳朴的人文自然景观和恬静闲适的生活方式正逐步成为当下人们主要的旅游休闲目的地。

我国境内的各传统村落都拥有不同的特色文化，且历史渊源深厚，每一个传统村落都有内在的精神价值，值得深入地解读和品味。本书通过对六盘水市境内 9 个传统村落进行田野考察研究，对于各传统村落的内在资源结构有了更为直观的了解，对于少数民族传统村落及民间传统村落在保护与发展的实践有了进一步的认知，同时也看到了民族传统村落保护所面临的一些问题，如文化保护与旅游的冲突、村落传统民俗的演变、村落基础设施的落后等。近些年六盘水市着力把旅游产业作为战略性支柱产业来抓，民族文化作为其中的重要资源，在保护和利用中并行。传统村落的保护与发展没有模板，需要的是因地制宜，科学谋划，需要政府、学者、世居民等各方面力量的协调。在十余年的传统村落保护实践中人们已经意识到，真正的传统村落保护应当是使传统村落处于活态当中，即让传统村落发展成为一个有活力、有希望、有生机、有生命力的美丽传统村落。

本书是在国家和地方各级政府以及民间组织对传统村落开发与保护利用的时代背景下形成的，对六盘水市境内传统村落旅游文化资源进行梳理和评估，提出在新时代传统村落应利用其独特的区域气候条件及文化遗产资源来发展和保护并使之成为山地喀斯特地貌人居环境的人间盛境。

目　录

第一章　绪论

贵州处于我国西南喀斯特地貌地区，在漫长的岁月中云贵高原的山脉把贵州和外界隔绝起来，限制了贵州的发展。也正因如此，贵州的传统文化得以较好地完整保存。由于贵州的经济发展相对滞后，境内被列入国家级传统村落名录的数量排全国第二。传统村落没有受到快速经济发展带来的严重破坏和污染，较好地保留了空气清新、山清水秀的自然生态环境。传统村落中百姓世代与大自然和谐共存，他们勤劳善良，民风淳朴，社会关系融洽。

六盘水市位于贵州西部，与云南接壤，因地下储藏着丰富的煤炭资源，在1964年国家战略兴起的三线建设中诞生。六盘水市具有丰富且独特的旅游资源，民风淳朴，民族传统文化丰富，具有独特的地域特点。境内属典型的喀斯特地貌，海拔高低垂直落差在1 300米左右，气候宜人，垂直立体气候明显，冬无严寒，夏无酷暑，市区夏季平均气温为19.7℃，境内各传统村落居住的位置略有差异，各区域气候不统一。而全市全年凉爽舒适天数达200多天，2005年被中国气象协会授予“中国凉都”称号。在新型城镇化快速发展驱动下，六盘水市境内的传统村落顺应时代发展，逐步向美丽乡村、乡村振兴发展前行。当前全市上下齐心建设新型城镇、美丽乡村，以乡村振兴为目标，积极开展以扶贫促进美丽乡村和乡村振兴战略为一体的建设新篇章。

六盘水地区传统村落的文化是由长期生活在我国西部地区世代各民族人民的劳动结晶。历年来村落各族人民创造和传承着具有鲜明的民族地域民间文化。在六盘水这片土地上，据考古学家论证发现20多万年前早期人类——古智人，还有春秋时期的牂牁国，战国时期的夜郎国，秦国统一时的马郡汉阳县至明清时期漫长的迁徙开荒农耕文化，各类战争的屯兵文化及红色文化，中华人民共和国成立后巩固坚强后盾的三线文化，少数民族文化等。在各种文化进程中传统村落遗留和传承着世代发展的智慧。在六盘水新型城镇化乡村振兴进程初期，需要通过调查和摸清六盘水境内传统村落当前旅游业发展情况；在其基础上研究探索出对该地区传统村落旅游资源实施有效的保护和开发利用措施；在推进乡村振兴发展过程中合理、有效、有限、可持续地开发利用传统村落的旅游资源，把建设规划管理开发等各项工作多规合一，从而推进加快我国特色乡村建设和乡村振兴建设。

1.1 课题的提出

1.1.1 研究缘由

全球一体化的进程不断加速，人们在商贸往来、网络信息、历史文化等各个层面的交流越发频繁。在市场经济下，社会主义新农村、农房改造等项目的大兴土木之后，传统村落这种具有特殊景观形态和文化内涵的乡村人文景观正逐渐消亡。如：古老建筑推倒重建，非物质文化遗产依存于独特时空以口传心授方式传承的各种文化艺人、技艺、民间习俗等文化遗产也在不断消失。据2000年统计数据显示，中国共有自然村363万个，到2010年剩下271万个。被称为中国传统村落保护第一人的冯骥才先生说："中国社会正在从农耕文明步入工业文化，在传统村落里，有我们民族记忆和精神传统，有民族的终极价值观，有民族的DNA和特有的审美，有我们丰富多样的文化创造，这些东西必须保留，必须传承，不能失去。"而传统村落居住着少数民族，他们自己文化也在村落里，如果他们的村落没了，文化也就没了，民族也就消失了。村落中遗留着先祖的宗教信仰及风俗习惯，传承着历史。先民在漫长岁月里经过数次迁徙的艰苦过程中，顽强地沿袭着祖先传承下来的生活习俗。他们反复运用着这些从远古传承下来的生活习俗，在神灵崇拜和巫术幻觉中消解生活所带来的劳累与艰辛，享受生命所带来的幸福与快乐。如果这些世居民族连本民族的文化都没了，其根与魂便无所依附！因此，本课题建议是基于当今市场经济体制下寻求如何保护传统村落和引导传统村落文化适应市场经济制度提出的。现在将六盘水传统村落文化保护及开发情况的调研加以探究，让传统村落的文化精神内涵在当下社会得以不断创新传承和丰富。

1.1.2 研究背景

贵州传统村落数量多，分布地域广，历史文化价值高。长期以来，我省高度重视传统村落保护发展，开展了传统村落调查，实施了一批保护项目。2016年以前贵州省共有426个村落列入中国传统村落名录，占全国的16.7%，数量居全国第二。但由于投入不足、管理不到位等诸多原因，一些传统村落日渐消亡，加强保护发展迫在眉睫。[①]2015 年贵州省政府对传统村落保护提出了《省人民政府关于加强传统村落保护发展的指导意见》(黔府发〔2015〕14 号),意见第一段文字中“传统村落是农耕文明的精髓、民族文化的家园、中华儿女的乡愁、多彩贵州的名片。”而六盘水地区 2012—2016 年列入国家传统村落名录的 9 个传统村落中,淳朴而和善的民族风俗和风情、美丽如画的喀斯特地貌自然景观和传统村落中美丽的田园景观相互交融在一起,呈现出山地民族地区独特的旅游观赏价值。

在市场经济体制下,六盘水部分村落在乡村城镇化、农房改造中盲目地建设,传统村落正在遭受“持续性破坏”,如古老建筑被推倒重建而致物质文化遗产毁灭,一些作为流传文化载体的“非遗”语言文字正在消失。因此,保护传统村落,必须引导传统村落文化适应市场经济制度。在乡村各建设发展过程中存在丢弃传统民族文化等诸多问题亟待解决。如何使传统村落文化得到活态传承永续发展?如何运用传统村落民族文化元素与旅游开发相融合,建设出高品质的人居环境?通过本书研究,并将研究成果作为贵州传统村落保护的参考资料,同时助力推动乡村振兴与美丽乡村的发展。(图 1.1)

① 《省人民政府关于加强传统村落保护发展的指导意见》,《贵州省人民政府公报》2015 年 6 月 15 日。

图 1.1　羊场乡大中村传统建筑

图片来源：2015 年作者拍摄

（1）推动新型城镇化快速发展的需要

六盘水市高度重视发展和生态两条底线。坚持尊重自然，以人为本，注重发展和生态环境友好和谐发展，走具有贵州地区特色的山地新型发展道路，积极推进绿色生态美丽乡村建设，优化农村产业结构布局，加速乡村振兴，促进乡村产业、乡村环境景观、乡村生态与脱贫攻坚互动融合，积极推进绿色乡村生态建设和“乡村振兴”“四在农家·美丽乡村”实施行动计划，同时完善各乡村基础设施及乡村公共基础服务设施建设。重视山地自然人文资源，努力做好本地传统及自然的文章，保护好本地域的山、水、动植物和少数民族村寨，传统村落等文化资源，保护继承和有效利用，发展好本地传统文化，农耕文化和田园生活。在贵州全省游走，能见山、见水、有乡愁，在贵州特色山地展现出百姓富，生态美的生动美好景象。大力发展和改善农村基础配套设施，大力发展农村地域特色种植农业，养殖业和乡村历史文化与民俗特色旅游业，让更多的特色绿色农产品走出乡村，走向市场，增加农民收入，让更多的游客在乡村坐下来、住下来，实现城乡联动共赢发展。[①]

（2）文化遗产保护和传承的需要

当今数字信息全球化的广泛覆盖，使得国内外的各个城市以及每一个村落都因数字化信息而相互的影响着。当前科技的发展致使无论是城市，还是农村的广泛人群每天都拿着手机或平板电脑等媒介通过数字化网络浏览国内外的各类文化信息，这些信息或多或少的对传统的生活方式带来潜移默化的影响，在衣食住行以及观念等都有所体现。全球化影响着各行各业，出现“趋同化”的现象，在城市建设、城市景观建设、乡村建设以及传统村落的保护等方面形成同一模板的现象。这是对自身文化的无知或者忽略导致出现对自身文化的不自信。特别是在传统村落保存尚好的地区，老年人已经丧失劳动力，年轻人因外出务工受外界文化影响，青少年外出学习，人们对本区域或本村落、本民族传统文化正在逐渐的淡化，甚至一些传统文化已经失传。当前如何建设中国特色社会主义的魅力乡村，是我们每一个生活在城市与农村环境中参与者所面临的问题。不同区域的传统村落有不同的乡村文化，不同的村落文化形成促进城市文化特征的凸显，形成区域城市形象名片，是丰富我国文化的基础。当前保护传统村落和传承本地域传统文化，在促进乡村振兴，美丽乡村等建设中尤为迫切。

传统的历史文化是在人类文化发展进程中总结和传承下来的

① 陈敏尔：《贵州省2015年政府工作报告》，《贵州省人民政府公报》，2015年第2期。

知识财富。“中华民族经历数千年的发展创造出内涵丰富的文化遗产，在文化遗产中的非物质文化遗产存在于社会生活的方方面面，在我们内心和身体里已经盘根错节生根发芽，而我们则悄无声息地融化在非物质文化遗产文化之中。”[①] 在人类文明前行的漫长岁月中，非物质文化所占比例有很大一部分，如：在艰难的迁徙中通过舞蹈、祭祀等精神信仰方式，让人们坚定信心，在巫术幻觉及神灵崇拜中消解生活所带来的劳累与艰辛，无论何时何地，享受其生命赋予每一个人在生活中的幸福与快乐。在保护文化资源的工作中，非物质文化遗产保护是主要工作内容，保护非物质文化遗产就是传承我国民族文化的文脉。

（3）六盘水市推进乡村振兴的需要

六盘水市坚持发展和生态两条底线，通过“三变”（资源变资产、资金变股金、农民变股民）改革走独具特色的乡村振兴发展思路。积极以解决三农问题为抓手，通过把村中集体的山林、土地、水域等自然资源要素用入股等方式进行盘活，使绿水青山变为金山银山，实现土地等“资源变资产”；在没有改变资金用途和性质的前提条件下，将各级政府和各级财政用于农村扶贫类及发展类资金量化为村集体或者村民持有的股金，投入到各项经营主体，使农民享受股份权利，形成“资金变股金”；农民自愿将个人的资金、资产、资源、技术等入股到经验主体中，参与分红成为股东，即“农民变股民”。积极推进“四在农家·美丽乡村”六项行动计划，以整个乡镇和村落为单位

① 周友发：《传承——非物质文化遗产保护之根》，《群文天地》2009年第1期，第16～17页。

整体推进，建设手法要显山、露水、有乡愁，让六盘水大地上处处可见美丽的乡村，大力发展农村特色种植养殖业和乡村特色旅游业，让农村特色绿色农产品走出乡村，让市民吃上绿色无公害食品，让农民增收，积极促进“美丽乡村”建设，早日实现生态产业、环境多种效益的共赢局面。积极以地域文化为特色建设旅游区、产业园区、农家乐等项目，有效地保护和利用了村落自然景观（荒山、水域）、人文景观（乡村、林地、田园、传统文化）等要素，建设出各具特色风格的文化空间格局。

1.2 概念的界定

1.2.1 村落的演变

人类早期的聚落到现在的村落经历了漫长的岁月，从原始居住地聚落雏形到史前时代的穴居，采集生活时代的巢居密集地，石器时代、氏族社会时期在进入近现代农业文明，这一过程村落留下了从原始时期到人类进入农业文明的足迹，遗留着先祖的宗教信仰及风俗习惯，传承着历史。因而呈现在我们眼前的村落凝聚着人类劳动和智慧的结晶。

（1）村落雏形

早期人类在大自然环境中为了躲避自然带来的灾害，寻找洞穴、岩洞或建立适当可以防御野兽、防寒风酷暑、遮风避雨的生活住所。人类原始时期，生存生活方式极为简单，依靠采集自然植被、捕鱼、狩猎等获取生活物质，居住地还不能叫作“聚落”；史前时代，人类属非定居式，以家族为单位进行生活，居住地是没有固定的地点；采集生活时期，人类学会就地取材搭建简易的住所，如利用泥土及石头搭建巢状树居、岩壁穴居等；石器时代，人类为了捕获大型野兽以及防卫，家族与家族之间的联系更加密切，巢居与穴居慢慢相对集中，简单的村落在这个时候慢慢形成。

（2）村落的发展

随着村落的出现，村落里人流量慢慢集中，对生活物质需求在不断提升。人类生活所需食物从单一的捕捞采集转向饲养和种植，定居生活也逐渐开始，生活环境在发生改变，居住环境也得到了提升，慢慢建立了永久性或半永久性的住所，村落的固定性在不断增高。

进入氏族社会时期，人们为了部落的资源财产不受到侵犯，筑墙围垣防御风寒及野兽；部落与部落联盟形成较大的团体以防住所被侵袭；同时建立了简单的行政中心。村落在这一时期有的形成较大规模，如“6 000 年以前的西安半坡氏族公社的村落，内部就包括了居住区、制陶工场和公共墓葬区三部分。居住区有 40 多座房屋紧排在一起，大的有 60 ～ 150 平方米，小的有 10～20 平方米。”[①] 居住的房屋中间设有火塘，火塘具有取暖、煮食、烧食、照明等作用。由于区域气候、季节性的游牧等原因，住所地也跟着季节在进行移动，导致村落不固定。人类社会到达第二次大分工的时候，也即农业与手工业分工，聚落就发生了根本性的变化，出现专门从事手工业和商业的集镇。在欧洲东南部地区，因耕地而形成村落，村落呈现块状、环状、以集会地为中心的集村等特点；在干旱区域附近的河流旁、水源附近，出现灌溉农业的村落；近代，村落因自然环境和社会经济条件的不

① 陆加铭：《村落的形成与发展变化》，《地理教育》2007 年第 2 期。

同，全球各地村落的差异较大。如在西亚地区的阿拉伯传统村落是以穹顶、圆形高头塔的伊斯兰寺院为中心，房屋材料多为石头及瓦片建造的无窗房屋。

（3）现代村落

现代社会经济快速发展，在工业革命（第三次工业技术革命）推动下，世界各国实现了现代农业，村落的格局和面貌同时也随着有较大的改变。荷兰农场的风车小屋、日本的小洋楼、别墅等不断地呈现出来。美国农村空间布局较为现代化，如在俄亥俄州的代顿地区的农场，农场建有较为现代化的住宅区，配套的基础服务设施较为齐全，有车库、起居室、储藏室及各种畜舍等。中国自改革开放以来，农村生活环境都发生了较大的变化，柏油路、水泥路进村，水电几乎普及到每个村落，电力电信同时辐射每个村落，村落在经济全球化、信息化的推动下发生了巨变。

1.2.2 村落基本的概念

村落原始社会时期最初的形态是由氏族为一个单元或者单位的聚落。在《史记・五帝本纪》中这样记载着“一年而所居成聚，二年成邑，三年成都。”根据《汉书・沟洫志》中记录的“或久无害，稍筑室宅，遂成聚落。”古代的聚落即村落的雏形。随着历代社会经济不断地发展，聚落逐渐分为农村聚落和城市聚落。今天我们所理解的村落即农村聚落，也就是以农业生产 (包括农耕和林牧副渔业) 为主的居民点。[①] 从村落环境和

---

① 邬敏:《村落保护与旅游开发的现状调查和对策思考——以奉化市董家村为例》,《学术论文联合比对库》2016 年 4 月。

各地村落中各村民日常的生产生活方式的不同，分为农耕业村落、牧业村落、渔业村落、林业村落、狩猎业型村落等。根据各村落的文化形成和村落的文化特征，传统村落可分为传统型和现当代型等形式的村落；根据村落的景观与地形，可分为聚居型村落和散居型村落；根据村落的成因，可分为原始定居型村落和移民型村落。

1.2.3 传统村落的概念

“从聚落的角度来说，传统村落是指农业社会中人们进行劳动生产、居住、生活、休息以及进行各种社会活动的场所。”[①] 近年来我国颁布了《关于加强传统村落发展工作的指导意见》，文件由国家文化部、住房城乡建设部以及财政部三部委于 2012 年 12 月共同制定。意见是站在对传统村落文化遗产保护的角度提出“传统村落”概念，即“拥有物质形态和非物质形态文化遗产，具有较高的历史、文化、科学、艺术、社会、经济价值的村落。”冯骥才先生认为传统村落应该是“不同于物质遗产和非物质遗产的另一类文化遗产”[②]，“物质文化遗产、非物质文化遗产和传统村落遗产”共同构成了我国文化遗产保护的三大体系。在“传统村落”的概念正式提出之前，人们用“古村落”一词来界定这类具有文化遗产性质的村落。刘沛林先生早前把古村落定义为“古代保存下来村落地城基本未变，村落环境、建筑、历史文脉、传统氛围等均保存较好的村落，是现代环境里所能见到的古

① 任越：《基于文化自觉的我国传统村落文化建档理论探究》，《兰台世界》2017 年第 7 期，第 10 ～ 13 页。

② 冯骥才：《传统村落的困境与出路——兼谈传统村落类文化遗产》，《人民日报》2012 年 7 月 12 日。

代村落。”[①] 这里的“古村落”等同于“传统村落”的概念。本文所指的“传统村落”，也即具有文化遗产性质的古村落。

对于传统村落如何进行认定，认定标准是什么。冯骥才先生认为：“古村落的标准有四条。第一个有悠久的历史，而且这个历史都被村落记忆着；第二个就是应该有较完整的规划体系，比如较完整的村貌、建筑、街道以及庙宇、戏台、桥梁、水井、碑石等；第三个应该有比较深厚的非物质的文化遗存；第四个有鲜明的地域特色。”[②] 国家住房城乡建设部、文化部、财政部颁布的《传统村落评价认定指标体系（试行）》，制定了传统村落认定的相关标准：一是传统村落的传统建筑风貌完整；二是传统村落选址和格局保持传统特色；三是传统村落非物质文化遗产活态传承。根据相关规定内容可看出传统村落的综合资源内涵深厚和覆盖面宽，涵盖了传统村落的自然环境资源、物质化遗产资源、非物质化遗产资源三大部分，覆盖历史性、地域性和文化独特性的聚落。

我国幅员辽阔，地域差异显著，不同的自然环境、历史文化、社会经济，造就了形式多样、地域特点鲜明的传统村落。尤其是中国南北地域差异，将中国传统村落划分为几大地域类型：[③]

①江南水乡传统村落，指江苏、浙江、上海等区域的村镇。

②皖赣传统村落，指古徽州府六县和江西的以婺源民居建筑

① 刘沛林：《古村落：和谐的人聚空间》，三联书店，1997。

② 冯骥才：《古村落是最大的文化遗产》，《灵魂不能下跪：冯骥才文化遗产思想学术论集》，宁夏人民出版社，2007。

③ 冯淑华：《传统村落文化生态空间演化论》，科学出版社，2014。

风貌为代表的徽派民居村落、赣派民居村落、客家民居村落。

③闽粤传统村落，主要指闽西、闽北、闽南的传统村落，以及广东粤北的梅州，沿海的潮汕和珠江三角洲等地区的传统村落。

④北方传统村落，主要指山西、北京、河北等区域的村镇。

⑤西北传统村落，主要指陕西、内蒙古和新疆等地的村镇。

⑥川渝传统村落，主要包括少数民族的古村寨和汉族古村寨。

⑦湘黔传统村落，主要指湘西、湘南的一些边远山区和少数民族地区的村镇和贵州的明朝移民古村寨、少数民族古村寨。

⑧滇桂传统村落，主要是云南、广西地区的少数民族古城镇和村镇。

⑨西藏传统村落，如江孜、翁达岗、盐井等。

1.2.4 乡村生态旅游

生态旅游（Ecotourism）是由国际自然保护联盟（IUCN）特别顾问谢贝洛斯·拉斯喀瑞（Ceballos Lascurain）于 1983 年首次提出[①]。生态旅游的概念是通过旅游让人们“回归自然”，从而改变人的环境道德观，维护整个生态系统完整性，促进旅游者对自然和历史文化的了解，致力于保护环境和造福后代的一种旅游活动。以研究生态和旅游系统为对象来说，生态旅游是一种典型的重视环保的低碳生活方式，是一种增长见识的旅游经历，是以吸收自然和文化知识为目的。

虽然目前生态旅游的定义众多，但都具有一个共同意义：强调对旅游区生态环境的保护，体现可持续发展策略在旅游开发中

① Ceballos-Lascurain, *The Future of Eco-Tourism*, In Mexico Journal,1988,13-14.

的应用[①]，为旅游可持续发展概念的产生奠定了基础。生态旅游与传统旅游的本质区别由联合国教科文组织、世界旅游组织等1995年4月制定的《可持续旅游发展宪章》和《可持续旅游发展行动计划》可知，其核心内容：“可持续旅游的实质就是要求旅游与自然、文化和人类生存环境成为一个整体”。旅游可持续发展指的是“生态、社会、经济”整个系统的可持续发展，在满足游客需求与为旅游者服务的当地居民需求情况下，也要力求实现自然、社会、文化及生态环境的共同协调发展。

1.2.5 旅游资源

旅游资源的概念是指凡是能吸引人们产生旅游的欲望，自然界和社会环境中一切可以用在旅游开发活动中，并在旅游行业空间中能产生经济效益、社会效益、环境效益的相关因素与事物。早期西方学者将旅游资源称为旅游吸引物（tour is't attractions），是指旅游地吸引旅游者的所有因素的总和。[②]苏联地理学家普列奥布拉任斯基从技术经济角度给旅游资源下定义：旅游资源是在现有技术和物质条件下，能够被用作组织旅游经济的自然的、技术的和社会经济的因素。[③]1982年，王立钢提出：“旅游资源是旅游者参观游览的目的物，是旅游业存在和发展的凭借条件”，1989年，孙文昌先生提到：“凡能激发旅游者旅游动机的，能为旅游业所利用的，并由此产生经济效益和社会效益的自然和社会

① David Weaver:《生态旅游》，杨桂华等译，南开大学出版社，2002年。

② 王玺:《明代人文旅游资源初探》,《旅游纵览》(下半月)2011年第6期，第53页。

③ 谭小军、黄勋:《旅游品牌营销研究》,《江西科技师范学院学报》2007年第6期。

的实在物，都是旅游资源”，1991年，李天元也说道：“凡是能够造就对旅游者具有吸引力环境的自然因素、社会因素或者其他因素，都可以构成旅游资源”，这些资源大致可以归纳为人文旅游资源与自然旅游资源两大类。1997年，杨振之提出个人的观点：“旅游资源是关于旅游的主题（客源市场）、客体（旅游地资源）和介体（旅游服务于服务设施）的相互间的吸引向性的总和”。在前人的研究中对旅游资源的概念也在不断地演变着。本课题所说的旅游资源是必须具备对旅游者具有吸引力、激发旅游动机、满足旅游者旅游需求、能够被旅游业所利用、自然性和社会性相统一、客观性和主观性相统一、事物性与过程性相统一、物质性与精神性相统一，即自然界和人类社会；凡是对旅游者有吸引力，在不触碰法律范围内刺激游客产生旅游的欲望和动机，同时能满足游客内心对旅游的需求欲望，同时能为旅游行业开发并利用，且形成良好的经济、环境、社会效益的相关要素都可以认为是旅游资源。

1.2.6 文化遗产

（1）物质文化遗产

从联合国教科文组织早期的相关公约来看，最初使用的是“文化财产”（Cultural property）而不是“文化遗产”（Cultural heritage）。早在1954年的《武装冲突情况下保护文化财产公约》和1970年的《关于禁止和防止非法进出口文化财产和非法转让其所有权的方法的公约》中，都用的是“文化财产”，但没具体的法律意义。20世纪70年代初期，联合国教科文组织才开始正式提出“文化遗产”概念，主要是指建筑、文物、遗址等物质文化遗产进行保护。1972年，联合国教科文组织第十七届会议中通过的《关于在国家一级保护文化和自然遗产的建议》和《保护世界文化和自然遗产公约》中强调“文化遗产”概念，以物质形态表现出来的具有历史性或艺术性特质的，能体现人类文化的实物，它们必须符合“文化”+“遗产”两个基本要素。从文化遗产的概念上理解文化遗产由有形和无形两种文化遗产组合而成，主要体现为物质文化和非物质文化遗产两种类型，同时非物质文化遗产是物质文化的主要组成部分。物质文化和非物质文化遗产都具有民族的特色历史文化价值和艺术价值，同时也具有较高的科学研究价值。有形文化遗产即传统意义上界定的“文化遗产”。而根据教科文组织在《保护非物质文化遗产公约》里对无形的文化遗产进行界定，是指被社会环境中各团体或者群体以及个人行为，将其视为文化遗产的各类祭祀、舞蹈、音乐等相关表演形式，以及传统遗留传承下来的技艺、技能、工艺品和文化表现设计的场所等。

表 1.2　文化遗产

分类	内容	举例
遗址	从历史、审美、人种学或者人类学角度看具有突出普遍价值的人类工程或自然与人类的联合工程以及考古地址等 遗址是指人类活动的遗迹，遗址的特点表现为不完整的残存物，具有一定的区域范围，很多史前遗址、远古遗址多深埋地表以下	宝鸡北首岭遗址（距今7100多年）、西安半坡遗址（距今6000多年）、佩特拉遗址（约旦佩特拉）、桑义兰早期人类遗址（印度尼西亚）、城墙环绕的希巴姆古城（也门）等
建筑群	从历史、艺术或科学等角度看，在建筑样式、分布均匀或与环境景色结合方面，具有突出的普遍价值的单位或连接的建筑群	金字塔（距今4 500多年）、宙斯神殿、万里长城、毛索洛斯墓庙、阿提密斯神殿、阿尔勒的古罗马建筑和罗马式建筑（法国）等

续表

分类	内容	举例
文物	从历史、艺术或科学等角度看具有突出的普遍价值的建筑物、碑雕和碑画、具有考古性质成分或者结构、铭文、窟洞以及联合体	阿旃陀石窟群（印度）、亚格拉古堡（印度）、亚琛大教堂（德国）、施派尔大教堂（德国）、坎特伯雷大教堂、圣奥古斯丁修道院和圣马丁教堂（英国）等

（2）非物质文化遗产

全球一体化、信息化对世界文化影响越来越深，人类对文化的认识不再局限于物质化呈现的形态。另一种以技艺、依靠口耳相传、没有文字表现的文化形态，它在人类历史长河中以活态的方式代代流传并传承至今。这就是广义“文化遗产”中的“非物质文化遗产”。在20世纪50年代，日本在《文化财保护法》中提出保护本国的“无形文化财”，指的是有深厚文化内涵且具有比较高的历史价值、艺术价值的传统技艺、传统歌剧、乐器等相关无形存在的文化遗产，“民俗无形文化财”则是普通民众的衣食住行、生产民俗、信仰以及岁时节有关的风俗习惯与民间和民间传统艺能，后来这一理念逐渐影响到联合国教科文组织。联合国教科文组织将“无形文化财”翻译为“人类口头及非物质文化遗产”①或“无形文化遗产”。联合国教科文组织2003年10月17日颁布的《保护非物质文化遗产公约》中，对“非物质文化遗产”进行了划分：是指那些被各群体、团体，有时为个人所视为其文化遗产的各种实践、表演、表现形式、知识体系和

① 赵虎敬：《新疆非物质文化遗产的法律保护》，人民出版社，2014。

技能及其有关的工具、实物、工艺品和文化场所。各个群体和团体随着其所处环境，与自然界的相互关系和历史条件的变化不断使这种代代相传的非物质文化遗产得到创新，同时使他们自己具有一种认同感和历史感，从而促进了文化多样性和人类创造力。它包括了人类的口头传统和表述，表演艺术，社会风俗、礼仪、节庆，有关自然界和宇宙的知识和实践，传统的手工艺技能。该“公约”的颁布确定了遗产保护的对象，明确了保护职责，规范了保护方法，把保护非物质文化遗产工作发展成为国际性的文化建设工作。

在《保护非物质文化遗产公约》中规定非物质文化遗产的范围见表1.3。

表1.3　非物质文化遗产范围

序号	类型
1	传统表演艺术
2	民俗活动、礼仪、节庆
3	传统技艺、医药和历法
4	有关自然界和宇宙的民间传统知识和实践
5	传统手工艺技能
6	与上述表现形式相关的文化空间

1988年，联合国教科文组织颁布的《宣布人类口头和非物质遗产代表作条例》中，明确将人类口头和非物质文化遗产划分为两大类：一是各种“民间传统文化表现形式”，包括“语言、文学、音乐、舞蹈、游戏、神话、礼仪、习惯、手工艺、建筑术及其他艺术”传统形式的传播和信息等民间传统文化表现形式；

二是文化空间。在该条例中，“文化空间”被指定为非物质文化遗产的重要形态。2005 年，国务院办公厅颁布的《关于加强我国非物质文化遗产保护工作的意见》之附件《国家级非物质文化遗产代表作申报评定暂行办法》第 3 条关于非物质文化遗产分类界定中明确列举了除与联合国公约中五大类外的第六类即“与上述表现形式相关的文化空间”，把“文化空间”作为非物质文化遗产的一个基本类别，并定义为“定期举行传统文化活动或集中展现传统文化表现形式的场所，兼具空间性和时间性”。

我国 2011 年 2 月 25 日颁布的《中华人民共和国非物质文化遗产法》中，指明“非物质文化遗产，是指各族人民世代相传并视为其文化遗产组成部分的各种传统文化表现形式，以及与传统文化表现形式相关的实物和场所。”具体包括：

①传统口头文学以及作为其载体的语言。

②传统美术、书法、音乐、舞蹈、戏剧、曲艺和杂技。

③传统技艺、医药和历法。

④传统礼仪、节庆等民俗。

⑤传统体育和游艺。

⑥其他非物质文化遗产（属于非物质文化遗产组成部分的实物和场所，凡属文物的，适用《中华人民共和国非物质文化遗产法》的有关规定）。

从概念上来看非物质文化遗产是一种较为特殊的文化形态，它是人类社会发展进程的见证者，具有珍贵的历史文化价值。非物质文化遗产是各族人民集体的记忆和文化载体，同时是各民族传统文化的缔造者，也是各民族在漫长历史精神产物的体现，亦是传承和保护各民族传统文化独特活态延续的根本，非物质文化遗产的保护与在当下社会活态传承的意义重大。

1.2.7 研究范围

本书研究的范围是六盘水市域范围内2012—2016年列入国家传统村落名录的9个传统村落。六盘水位于贵州的西部山区，目前六盘水市管辖4个县级行政区，分别是钟山区、水城县、六枝特区和盘州市（原盘县）。国务院1978年对六盘水市进行区域调整并规划正式建市。六盘水市辖国土面积9 965平方千米，共辖87个乡镇街道（39个集镇、25个民族乡、22个街道、1个乡）。2016年末六盘水市常住人口290.69万人，全市44个少数民族，少数民族人口89.27万人，世居在六盘水市境内的少数民族同胞1万人以上人口的有彝族、苗族、水族、回族、布依族、仡佬族、白族，7个民族。境内的妥乐村、大中村、高兴村、陆家寨村、天门村、鹅毛寨村、乐民村、长湾村长田组、水塘村9个传统村落分散在六枝特区、盘州市、水城县。

图 1.3 六盘水市 2012—2016 年列入国家传统村落名录的 9 个传统村落分布

图片来源：作者在六盘水市域图上进行绘制

当前六盘水境内的传统村落因各村不同的历史文化因素所呈现出大致四种文化现象：一是少数民族本民族传统文化凸显，如六枝特区高兴村的苗族（长角苗支系）因迁徙并长期居住于半山腰地带，与外界交流较少，其文化受外界影响较小而形成独特的文化圈；二是少数民族生产生活受到周边民间文化的影响，形成丢弃本民族传统文化，对自己民族文化不自信的文化现象圈；三是在历史发展过程中人类的迁徙、对战争躲避、屯军及本地世居居民相互交融，形成独特的包容文化圈；四是红军抗战时期红色文化、三线建设文化、移民文化等形成另一种独特的文化。上述的文化特征结合当前信息全球化、经济全球化特点在当下六盘水区域中相互影响、相互交融，形成了六盘水地区当前传统村落中独特的文化现象。

1.3 研究目的和意义

1.3.1 研究目的

传统村落具有特殊景观形态和深厚的民族文化内涵。传统村落中的各项文化资源都是村民通过长期农耕文明实践所形成的，遗留着祖先的痕迹和记忆，同时也反映人类步入文明社会的脚步。本书基于市场经济体制下对传统村落旅游开发及保护的矛盾进行分析，并试图提出可持续发展的相应对策。

本书针对六盘水地区传统村落旅游资源的保护与开发利用进行研究，为六盘水地区传统村落旅游资源的保护与开发利用提出有效的保护措施和辩证合理的开发利用方案。

本书的研究目的：一是通过笔者两年多对六盘水境内传统村落的实地访谈调研和资料梳理，基本掌握了2012—2016年列入国家级传统村落名录里9个村落的文化变迁，收集到大量的传统村落相关数据和素材，分析并总结出六盘水9个传统村落的自然与人文旅游资源的构成要素和基本特征；二是在美丽乡村及乡村振兴战略驱动下提出山地传统村落旅游资源开发与保护利用的策略框架模式，优化六盘水传统村落旅游资源开发与利用措施，针对六盘水山地传统村落的旅游资源提出保护与开发利用的措施，为政府相关部门提供有益的参考。

1.3.2 研究意义

六盘水地区有20余万年以前的古智人生活的遗迹、有牂牁古国的文明、有夜郎古国的文明、有屯军文化、三线文化以及当前依旧保存尚好的少数民族文化，共建成独特的乌蒙山区文化。今天六盘水的发展面临着新的转型模式，“转型升级和发展生态工业、建设美丽凉都、建设生态宜居城市和国际旅游度假城市”[①]和美丽乡村及乡村振兴形成六盘水城乡与村落发展的指导和支撑。六盘水传统村落在近年的发展进程中，受到各类文化的冲击，在各建设发展过程中存在丢弃传统民族文化等诸多问题，亟待解决。如何使六盘水传统村落文化得到永续发展，如何运用传统村落民族文化元素与旅游开发相融合，建设出高品质的人居环境等问题都需要解决。

本书从六盘水地区传统村落实际情况出发，挖掘传统村落中各民族元素及自然风貌，依据《国务院〈关于加强文化遗产保护的通知〉》(国发〔2005〕42号)、《国务院办公厅〈关于加强我

① 肖波:《人文城市建设研究——以六盘水市为例》，贵州大学出版社，2017。

国非物质文化遗产保护工作的意见〉》(国办发〔2005〕18号)、《省人民政府关于加强传统村落保护发展的指导意见》(黔府发〔2015〕14号)等要求对传统村落进行探求其保护与开发的可持续方法。从而提出六盘水山区传统村落空间规划设计策略框架模式，注重在解决三农问题的同时让传统村落的各项资源得以保护性挖掘及合理有效地利用，促进六盘水市传统村落在美丽乡村和乡村振兴事业上的发展。

1.4 研究方法

1.4.1 定性研究法

定性研究即指出问题、剖析现象、找出规律从而达到研究的目的。当前人们每天都在不同环境中进行学习和工作，在学习和工作中都离不开定性研究活动。定性研究具体的目的是深入研究对象行为特点或特征，进一步研究出其产生的原因。定性研究是通过分析一些无序的信息，并找出其问题来，而不是提出怎么办，这些无序的信息在各行各业都囊括在内。定性研究是解决“为什么”的问题。定性研究是凭研究者经验及有关技术在小规模且具有代表性的样本上进行研究，该研究没有要求具备有数据统计意义，但要有敏锐的洞察能力，观察确定研究对象当前的状态或行为，以及对未来的预测。

1.4.2 定量研究法

定量研究亦可以称为量化研究，是在科学研究领域最常用，最基本的一种研究方式和非常重要的手段之一。“定量研究”即指研究某事物中某一方面的规定性科学研究，把研究的问题与所研究的事物的现象用量来进行标识，并通过测量、统计、分析、验证等进行诠释，从而归纳总结出研究过程出现的问题和解决方法。所谓定量也就是以数字化符号去量化研究事物的参数。定量研究是通过对研究对象的测量数据与所研究额定标准数量的数进行分析其特征，找出其数值的变化规律和突出特征。目的是研究事物变化规律及事物在变化中量的属性，定量研究与科学实验研究关系密切。随着科学实验的不断发展，定量的要求精度也越来越高。定量研究常用的方法为调查法、实验法及相关法等。

1.4.3 文献研究法

文献研究法是通过查看及阅读与之相关的文献材料，从而获得理论知识及相关的材料，了解与本课题相关前沿、可靠、翔实的文献资料。首先，通过图书馆、维普资讯网、中国知网、百度学术网、万方资讯、超星资讯等网络查阅关于六盘水传统村落的研究著作以及县志、村落宗族族谱等文献，深入了解六盘水传统村落历史和特征，并了解国内外对传统村落保护研究现状成果资料。其次，通过拜访六盘水市的市、县、镇（乡）、村等主管部门，搜索关于六盘水传统村落保护的法规政策和保护、发展规划以及六盘水传统村落保护和旅游开发的规章条例，从而收集政府部门公开发布的信息资料及相关统计数据，把收集到的数据与本课题研究有关的资料数据进行整合、统计、分析，了解六盘水传统村落保护和发展现状。最后，查阅六盘水地区传统村落物质文化与非物质文化旅游资源的存在现状及保护、传承措施。

1.4.4 实地观察与访谈法

实地观察与访谈法，笔者以旅游者和观察者的身份，对已经入选国家传统村落名录的村落进行实地考察，亲身感受村落的风情民貌，并以感性认识和理性认识相结合的方式对六盘水传统村落做全面的了解。

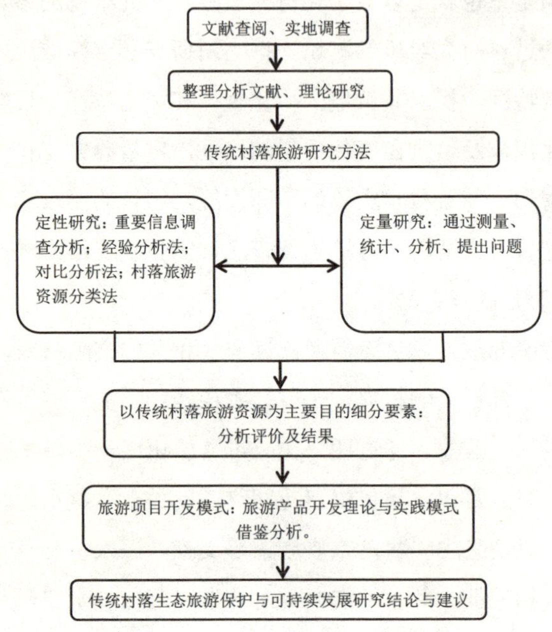

图 1.4　主要研究方法和技术路线示意图

1.5 研究内容与框架

1.5.1 研究主要内容

本书调查研究总结出六盘水境内 9 个传统村落旅游资源的构成要素，总结资源构成和主要特征，提出对六盘水境内传统村落旅游资源保护与开发利用的技术措施；设计六盘水传统村落旅游资源开发与利用和美丽乡村、乡村振兴建设战略框架模式；研究立足在美丽乡村、乡村振兴建设战略发展的高度，提出优化整合传统村落各项资源和有针对性地提出保护与开发利用可实践的措施方案，供传统村落的乡村规划决策者参考。

1.5.2 研究重点与难点

（1）重点

六盘水市2012—2016年列入的国家级传统村落旅游资源是本书的主要研究对象。该资源涉及城市乡村之间的联系、村落的历史发展、自然景观、民俗生活、宗教信仰、传统建筑、传统空间布局、传统街道以及传统技艺等自然景观与人文景观中的物质与非物质方面。为了取得研究成果，在理论研究的基础上，还需寻找市、县、乡镇、村等相关部门的支持，寻找城市与乡村之间的纽带，寻找传统村落相关旅游资源的分布和传承及应用等一手现状资料，了解传统村落发展的不足以及所面临的困惑。通过研究，提出可行的传承保护措施和设计出有度的开发利用旅游资源的具体方案，最后采用实际案例进行分析说明。本书的研究重点是如何将六盘水传统村落旅游资源保护与开发利用在美丽乡村、乡村振兴建设中做到可持续循环有效的良性发展。

（2）难点

目前对山地传统村落保护的研究颇多，但是对传统村落旅游资源保护与开发利用全国都处于探索研究的起步阶段。在贵州黔东南少数民族的聚居区，传统村落的保护性研究也正处于初步阶段。而六盘水市在20世纪80年代就已经实施对传统村落进行保护，但是经过20多年的实践，其区域经济发展情况不理想，整体来说主要是缺乏取得成功可直接借鉴的成果与经验；六盘水传统村落的旅游资源保护、开发、利用，相关工作涉面宽而广，涉及城市、乡村之间的联系，由于传统村落分布偏远，各项条件有限且时间仓促，要系统全面地反映出六盘水传统村落的旅游资源的整体情况还存在方方面面的困难。

1.5.3 课题逻辑框架

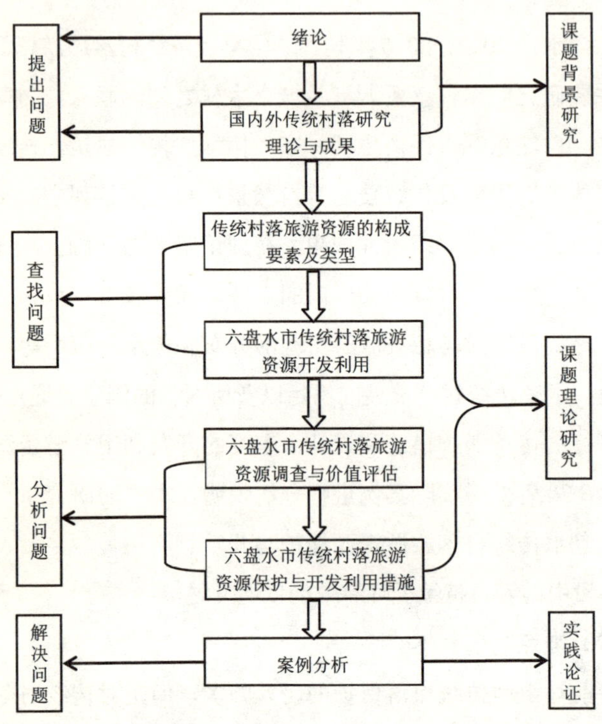

图 1.5　课题研究的逻辑框架图

第二章　国内外传统村落研究理论与成果

中华民族 5 000 多年的文明史传承和积累了丰富多彩的文化。传统村落遗留着千年的文物、典籍等物质形态的文化遗产，同时今天依然传承着非常有价值的口头传说（传统民间文学）、传统美术、传统技艺、民俗活动、民俗礼仪等以活态形式的非物质文化遗产。我国历史悠久，民族众多，遗产丰富，其中涵盖了特有的精神价值和思维想象力，再现了中华民族独有的创造力和生命力，体现了各民族的智慧结晶，是中华文明的历史瑰宝。

目前，国际社会已经充分认识到文化遗产的不可再生性，全球各国都大力提倡加强对文化遗产的保护力度。中华人民共和国成立以来，虽在文化遗产保护上取得了巨大的突破，但在保护过程中仍存在诸多问题，特别是信息全球化、经济全球化、现代化以及城镇化进程的加速发展，文化生态正发生着翻天覆地的变化背景下，文化遗产的保护和生存的环境在不断地受到威胁。比如：很多传统古村落、历史文化古城、古建筑遗址以及自然风景名胜区等正在不同程度地遭到破坏；传统村落里虽遗留着丰富的少数民族文化，但由于社会的发展和村民追求生活环境条件的改善，传统村落里的物质文化遗产及非物质文化遗产消失的速度在加快。大批还未列入国家文物名册的历史文物面临着毁坏；较多优秀的传统美术、传统技艺、传统艺术在现代生活方式的冲击下正面临着被取代，慢慢走向失传和消亡。

2.1 传统村落研究理论

近年来对传统村落的各项研究持续高涨，从民俗学、经济学、建筑学、生态学、旅游学等多个学科进行研究。本文以研究传统村落文化生态资源为基础，从文化生态环境与环境资源的互动关系来探讨六盘水传统村落文化旅游资源促进区域经济发展，使区域经济循环可持续发展，使传统村落文化在当代得以合理有效传承。

2.1.1 国外传统村落旅游的驱动模式

（1）保护驱动模式

由于传统村落的自然环境比较脆弱，可通过发展建设资源环境保护区，引入生态旅游者为新鲜血液，从而推动保护区内传统村落的旅游业发展，促进“保护驱动模式”产生。Grande Riviere是位于加勒比地区的特力尼达岛上一个典型传统村落，采用了保护驱动模式，成为保护驱动旅游发展模式的经典案例。1992年设立的保护革鬼山地（Grande Riviere）最初并不是为了发展乡村旅游，可在实施过程中受保护区驱动因素的影响，该传统村落产业结构由生产地转化为革鬼保护区，最后成为重要的旅游地。①

① Harrisond.*Cocoa,conservation and tourism:Grande Riviere,Trinidad*.Annals of Tourism Research,2007,34(4):919-942.

（2）战略发展驱动模式

西方国家为了使区域发展平衡，往往通过制定符合区域整合发展的战略，在国家发展战略中促进传统村落旅游业的发展。1991 年斯洛文尼亚制定了关于农村的发展，作为国家的发展战略之一，主要是整合农村区域的发展和促进村落产业结构的革新，传统村落的旅游业在经历整治动荡后得到了更大的发展。①英国为了改变农村及社区的旅游在全国范围内进行旅游销售，执政管理部门还构建了“The Concept of the country village weekend break”缩写“CVWB”，同时在符合相应条件的地区进行推广，在 20 世纪末乡村旅游发展取得较好的成果。

（3）乡村旅游的驱动模式

20 世纪中叶，德国及法国在滨海地区为休闲和娱乐而发展起来的农场旅馆诱发了流行于欧美发达国家的乡村旅游②，这种全方位的受到市场导向的旅游形式较大地促进了传统村落旅游业的发展。而日本的乡村是其文化的宝库，同时被视为生活的起源，在乡村旅游背景下的日本传统村落旅游更多地是由国家身份认同驱动。③

2.1.2 国外传统村落旅游资源的主要内容

传统村落旅游资源的主要内容涉及村落的自然环境空间变

---

① Koscak M.*Integral development of rural areas,tourism and villagerenovation, Trebnje,Slovenia*.Tourism Management,1998,19(1):81-86.

② Thompson. C. S.*Host produced rural tourism2Towa's Tokyoantenna shop*. Annals of Tourism Research,2004,31(3):580-600.

③ Reamh. *A turusato away from home*. Annals of Tourism Research, 2000, 27(3):638-660.

化、社会文化、社会资本、社区参与、游客体验、旅游管理多个方面。

传统村落旅游对空间变化的影响主要从村落群的角度产生。传统村落的旅游对村落人口数量的变动非常大。Ulack对坐落在南太平洋的瑙鲁境内的两个传统村落进行分析比较，数据表明在发展旅游业的传统村落中具有显著的人口集聚效应，同时该村的日常流动人口非常明显；在文化影响方面，涉及社会环境、区域经济、文化等。传统村落旅游业的发展对其社会文化的影响较为重要。在旅游对文化的真实性影响中，Medina研究通过采用“出版物”及“导游对玛雅文化历史的了解”和“村民对玛雅技术的无限接近”进行宣传，让年轻人及后代在一定程度上更加注重玛雅文化，可以促使玛雅文化的保护与恢复，Medina认为通过传统的方法无法实现玛雅文化的原真性恢复，但可通过旅游实现[①]。社区参与方面，传统村落社区参与村民对村落旅游的行为，在村民态度积极时，其意图非常明显同时参与度高。Ying等对我国的传统村落宏村、西递村的旅游发展进行了分析比较，他们认为中国的社区参与重在利益分配上，而不在决策方面；注重整体参与而不注重参与的深度，认为这种与西方不同的村落社区参与方法有其理论依据，首先是受中国传统村落社区内在整合的社会文化的影响，其次是由于旅游成本由村落社区承担所致[②]。

---

① Medinalk. *Commoditizing culture tourism and Maya iden2tity*.Annals of Tourism Research,2003,30(2):353-368.

② Ying T Y, Zhou Y G. *Community,governments and exter2nal capitals in China's rural cultural tourism:A comparativestudy of two adjacent villages*. Tourism Management,2007,28 (1):96-107.

游客体验，即在传统村落旅游体验受到游客动机[①]、村民集体参与、导游及村落的自然环境等多种因素相互影响。Zeppel从研究居住在加拿大的印第安人的传统村落中发现，游客了解传统村落的历史和土著文化主要是通过与土著居民接触并受影响的这一体验因素。Zeppel提出，“土著文化的解释应作为当地印第安土著村落提高旅游吸引力的关键。”传统村落旅游资源的开发本身就是在一定求异动机驱动方向面会有反映[②]。

传统村落旅游的形象其资源为旅游营销的基本条件。村落的旅游资源形象感知形成影响市场对传统村落旅游资源开发的决策。传统村落旅游资源的开发，要求在旅游市场中具有一定吸引力，村落中的各项遗产资源必须具备一定的承载力和保护力。

2.2 国内外传统村落研究现状

20世纪以来随着科技的快速发展及人类对大自然环境的不断破坏，生态环境危机在加剧凸显，文化遗址、遗产受到毁坏等问题成为全人类及全社会共同关注的热点话题，同时成为各领域研究关注的核心问题。“1991年，陈志华教授在《读书》杂志上发表《请读〈乡土建筑〉这本书》一文，强调了村落建筑与乡土文化研究的重要性”。“1995年，朱光亚教授和陈薇在香港‘中国建筑史国际会议’上，交流了《一个古老村落的保护与发展研

---

① Beeho. AJ,Prentice. R. C. *Conceptualizing the experiencesof heritage tourists-A case study of New Lanark World Her2itage Village*[J].TourismManagement,1997,18(2):75-87.

② Zeppel. K.*Cultural tourism at the Cowichan native villageBritishColumbia.* Travel Research,2002,41(3):92-100.

究》的论文，从个案入手，探讨了古村落保护与发展的模式与途径。”[①] 清华大学建筑学院的陈志华、李秋香教授撰写的“乡土瑰宝系列丛书，《庙宇》《村落》《住宅》《雕塑之艺》《雕梁画栋》《千门万户》《宗祠》《文教建筑》”，介绍了乡土建筑、村落的选址、规划类型、结构布局、建筑装饰、民间雕刻艺术、经济活动、管理等。并从区域文化、经济学、建筑学、民俗学等方面对浙江永康市的吴家村建筑群、四川合江县的福宝镇、福建永安市的文山川溪民居、云南丽江的石头建筑群的形成和现状进行分析研究。还有彭松的《西递古村落空间构成模式研究》，罗康昕的《冀南山区传统村落建筑色彩研究》，朱雪梅的《粤北传统村落形态及建筑特色研究》，李艳旗的《湖南地区单一姓氏聚居传统村落建筑布局研究》等从村落的建筑形态方面进行研究，为传统村落其他方向的研究提供了重要的依据。

从社会学角度对村落的研究也在逐步深入。1899 年美国传教士阿瑟•亨德森•史密斯（A.H.Smith）出版的《中国乡村生活：社会学的研究》，以描绘当时中国农村重农抑商政策下的农村生活，它较早地描述我国农村生活现象。[②] 李善峰以社会学及人类学视角对我国农村进行研究，并运用田野调查法对农村进行农村经济、宗教信仰、家庭与婚姻、人口等情况的研究。“之所以进入村落，在他看来，要真正了解中国人的生活，不能依靠抽象的资料，而要深入研究被选择的群体、村落或地区，以

① 季城迁：《古村落非物质文化遗产保护研究——以肇兴侗寨为个案》，博士学位论文，中央民族大学，2011，第 26 页。

② Arthur Henderson Smith（明恩溥）著：《中国的乡村生活：社会学的研究》，陈午晴，唐军译，电子工业出版社，2016。

‘有机的方式’（organic way）对其进行描述，以便发现事实之间的关系，揭示其功能、过程和发展趋势”。[①]“20世纪三四十年代，随着社会学、人类学的发展，中国的村落研究从泛泛的‘社会调查’进入了一个规范的‘民族志’研究时期”[②]。林耀华先生1935年出版的《义序的宗族研究》中讲述义序宗族在我国宗族文化在社会中的关系，及在社会环境中家庭与宗族及亲属之间的结构与作用。其后林耀华先生在西方又以小说方式为载体，出版英文著作《金翼——中国家族制度的社会学研究》，该书描述闽江中游地区一个叫“黄村”村落里的不同姓氏的两个家族，分析这两个家族在19世纪末至20世纪30年代不同的命运，分析“黄村”当时的政治、经济、文化、农业、商业、民俗、宗教信仰、宗族发展等日常生活，探讨了一个村落中人与民族文化的关系。费孝通先生1985年出版的《乡土中国》，从宏观角度分析了中国整个社会，分析了社会整体构架，同时提出相对普遍的模式理论；分析从我国传统农业与农村生活中怎么探索出中国文化模式，并提出“礼制秩序”“长老统治”“差序格局”“乡土中国”等概念，是对中国传统农村社会结构的概括，对农村传统观念的理论概括。

20世纪50年代因政治环境因素，中国村落研究一度陷于停滞，直到20世纪80年代改革开放后，国内外学者积极对中国农村进行研究。美国学者弗里曼（Edward Fridman）、塞尔登（Mark

① 李善峰:《20世纪的中国村落研究——一个以著作为线索的讨论》,《民俗研究》2004年第3期。

② 同上。

Selden)、毕克伟（Paul Pickowicz）于 1978 年开始对我国河南的饶阳县管辖内的村落进行调研，于 1991 年出版了《中国乡村，社会主义的国家》[①]，1991 年王沪宁深入对我国村落进行研究，并出版了《当代中国村落家族文化——对中国社会现代化的一项探索》[②]，该书从我国的农村文化组成和功能与变迁，从村落文化的角度，陈述中国乡村的发展、中国社会的发展、社会体制与村落家族文化等内容。陆学艺的《改革中的农村与农民》，王铭铭的《社区的历程——溪村汉人家族的个案研究》以及《村落视野中的文化和权力——闽台三村五论》，方李莉等课题组出版的《陇戛寨人的生活变迁——梭戛生态博物馆研究》等著作分别都对各研究村落空间、民俗、信仰、建筑、经济等文化进行了整体研究。

文化生态学方面的理论进入我国后，国内学者开始从人居环境方向对村落进行研究。陆林、徐志云、葛敬炳的《徽州古村落人居环境的选择与营造》把徽州传统村落作为研究对象，用中国传统村落中的意境“师法自然，天人合一”的建园原则，分析传统村落选址、营造上的文化生态观。汪欣的《传统村落与非物质文化遗产保护研究——以徽州传统村落为例》，该书以徽州传统村落为研究对象，探讨传统村落与非物质文化遗产保护的理论和实践问题，陈述文化生态学、传统村落、非物质文化遗产之间关系，分析非物质文化遗产文化生态保护实践中的现实困境，探析

① 弗里曼、毕克伟、塞尔登：《中国乡村，社会主义的国家》，社会科学文献出版社，2002。

② 王沪宁：《当代中国村落家族文化——对中国社会现代化的一项探索》，上海人民出版社，1991。

基于传统村落为单位的方式进行保护非物质文化遗产和文化生态的可行性。[①] 对村落人居环境探讨的文章还有雷茜的《传统村落人居环境中的儒家生态哲学意蕴》，王福刚、欧阳志勤、张丽的《传统村落生态安全格局评价——以云南省沧源佤族自治县翁丁古寨为例》，齐澍晗的《文化生态价值下少数民族传统村落保护与发展》，唐孝祥、王东的《以生态博物馆为导向的传统村落保护研究》等文章。较多的作者运用文化生态学的理论以及方法对村落生态文化和发展战略进行研究，在当前我国传统村落面临的毁坏、环境恶化的现实情况下，文化生态学的理论和方法对传统村落保护发展具有现实意义。

随着国际大环境对传统村落保护的重视，我国逐渐把传统村落保护提上议程。2002 年颁布的《中华人民共和国文物保护法》第一次将传统乡土聚落保护列入法制体系中。2003 年建设部和国家文物局开始进行“中国历史文化名村”评选，2013 年 1 月就公布出中国的第一批中国历史文化名镇（村）的名单。并对我国传统村落的保护实行了梯队保护政策。2012 年国家住房城乡建设部、文化部、财政部根据《住房城乡建设部等部门关于印发传统村落评价认定指标体系（试行）的通知》（建村〔2012〕125 号）文件及《关于加强传统村落保护发展工作的指导意见》（建村〔2012〕184 号）等文件，公布了第一批列入中国传统村落名录。2012 年至 2016 年以前我国共公布四批列入中国传统村落名录，共计 4153 个。

---

① 汪欣：《传统村落与非物质文化遗产保护研究——以徽州传统村落为例》，知识产权出版社，2014。

表 2.1　2012—2016 年列入中国传统村落名录村落数量

批次	参与部门	公布时间	数量 / 个
第一批	中华人民共和国住房和城乡建设部 中华人民共和国文化部 中华人民共和国财政部	2012 年 12 月 17 日	646
第二批	中华人民共和国住房和城乡建设部 中华人民共和国文化部 中华人民共和国财政部	2013 年 8 月 26 日	915
第三批	中华人民共和国住房和城乡建设部 中华人民共和国文化部 中华人民共和国国家文物局 中华人民共和国财政部 中华人民共和国国土资源部 中华人民共和国农业部 中华人民共和国国家旅游局	2014 年 11 月 17 日	994
第四批	中华人民共和国住房和城乡建设部 中华人民共和国文化部 中华人民共和国国家文物局 中华人民共和国财政部 中华人民共和国国土资源部 中华人民共和国农业部 中华人民共和国国家旅游局	2016 年 12 月 9 日	1598
合计：			4153

信息来源：中华人民共和国住房和城乡建设部网站

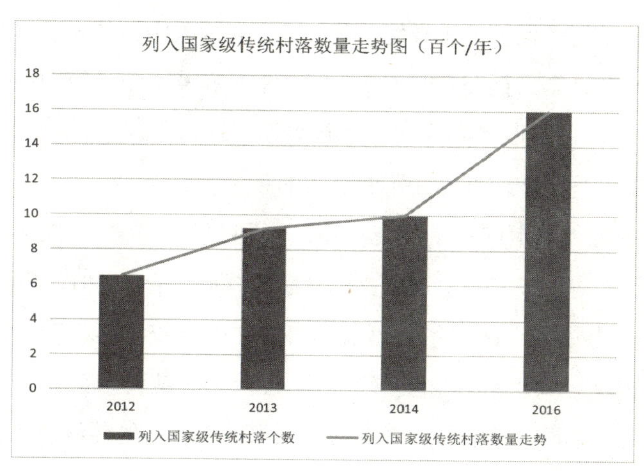

图 2.1　2012—2016 年列入国家级传统村落数量走势图

信息来源：中华人民共和国住房和城乡建设部网站

图片来源：2017 年作者绘制

从图 2.1 可看到中国政府对传统村落的保护力度在逐年递增。2013 年住房和城乡建设部、文化部、财政部根据《关于加强传统村落保护发展工作的指导意见》（建村〔2012〕184 号）和《关于做好 2013 年中国传统村落保护发展工作的通知》（建村〔2013〕102 号）公布第二批列入中国传统村落的名单；2014—2016 年由住房和城乡建设部、文化部、国家文物局、财政部、国土资源部、农业部、国家旅游局七部局对中国传统村落保护发展工作予以监督指导。并公布第三批及第四批列入中国传统村落名录。2012 年与 2013 年由“住房和城乡建设部、文化部、财政部”三部局到 2014 年至 2016 年由“住房和城乡建设部、文化部、国家文物局、财政部、国土资源部、农业部、国家旅游局”七部局对我国传统村落保护发展工作进行监督，足以证明我国对传统村落保护的重视度。第一批公布列入中国传统村落名录的 646 个、第二批公布 915 个、第三批公布 994 个、第四批公布 1 598 个，目前四批列入的名单数呈逐年递增的现象，我国传统村落的保护工作一直走在不断努力的路上。

中南大学中国村落文化智库、太和智库、光明日报智库研究与发布中心以及社会科学文献出版社共同联合于 2017 年 12 月 10 日主办了《中国传统村落蓝皮书：中国传统村落保护调查报告（2017）》(下称《蓝皮书》）发布会。这是我国第一部以田野调查为基础，调查长江及黄河流域中下游村落的传统建筑、传统美术、生态环境、村民的物质生活与精神生活、教育情况、非物质文化遗产传承等传统村落的生产生活多个方面的内容，调查我国当前阶段传统村落的遗存与保护状况，分析我国传统村落的保护与利用过程中出现的具体及普遍问题，并对传统村落的保护与利用提出一系列有针对性的建议与措施，对促进我国传统村落的保护和利用、中华民族文化事业的健康有序发展和新时期中国优秀传统文化的传承与弘扬具有重要的意义。

《蓝皮书》中提出“传统村落文化既包括有形的物质文化的固态存在，又包括非物质文化的活态传承”。传统村落是中华民族文化的根与魂，记录着民族的崛起与衰落，而且在一定的历史时空中反映着社会物质文化和精神文化的发展，承载着宝贵的历史记忆、民族文化和地域文化信息。因此，传统村落在当代社会的存在和发展，是中华民族传统文化持久旺盛活力的体现。然而，随着工业和科技时代的到来，作为一个有几千年的农业基本生存单位的村落，她的命运却在当前经济、信息全球化、工业现代化进程中遭到毁坏！保护传统村落的工作刻不容缓。

我国对传统村落进行保护二十余年的发展过程中，在借鉴其他国家保护经验的基础上结合国情实际探索出多种保护措施，并在实施过程中取得了一定的显著效果。从 2012 年开始到 2016 年，先后有 276 个村寨列入国家级历史文化名村，4 153 个村落列入中国传统村落名录，覆盖我国 31 个省、市、自治区，国家及地方政府制定和出台了相关保护的法律法规，形成政府主导型、社会各界积极参与型的保护模式。但是，我国历史悠久、民族众多、地域辽阔，传统村落分布在我国的每一个角落，地域差异突出。全国整体分布南北轴向上北少南多，东西横轴向东少西多，集中分布在我国西南地区的云南、贵州两省。

表 2.2　2012—2017 年列入中国传统村落名录各省、市、自治区的村落统计表

省、市、自治区及批次	第一批数量 / 个	第二批数量 / 个	第三批数量 / 个	第四批数量 / 个	合计	排名
北京市	9	4	3	5	21	23
天津市	1	0		2	3	30
河北省	32	7	18	88	145	12
山西省	48	22	59	150	279	4
内蒙古自治区	3	5	16	20	44	20
辽宁省	0	0	8	9	17	26
吉林省	0	2	4	3	9	27
黑龙江省	2	1	2	1	6	28
上海市	5	0	0	0	5	29
江苏省	3	13	10	2	28	22
浙江省	43	47	86	225	401	3
安徽省	25	40	46	52	163	9
福建省	48	25	52	104	229	6

续表

省、市、自治区及批次	第一批数量/个	第二批数量/个	第三批数量/个	第四批数量/个	合计	排名
江西省	33	56	36	50	175	8
山东省	10	6	21	38	75	16
河南省	16	46	37	25	124	13
湖北省	28	15	46	29	118	14
湖南省	30	42	19	166	257	5
广东省	40	51	35	34	160	11
广西壮族自治区	39	30	20	72	161	10
海南省	7	0	12	28	47	19
重庆	14	2	47	11	74	17
四川省	20	42	22	141	225	7
贵州省	90	202	134	119	545	2
云南省	62	232	208	113	615	1
西藏自治区	5	1	5	8	19	24
陕西省	5	8	17	41	71	18
甘肃省	7	6	2	21	36	21
青海省	13	7	21	38	79	15
宁夏回族自治区	4	0	0	1	5	29
新疆维吾尔自治区	4	3	8	2	17	25

信息来源：中华人民共和国住房和城乡建设部网站

目前对传统村落的研究除了从作为文化遗产物质形态层面进行研究，还有的就是把传统村落文化资源作为旅游文化价值资源进行研究。车震宇、保续刚的《传统村落旅游开发与形态变化研究》一文，从传统村落旅游开发与村落形态变化进行研究，根据旅游开发过程中村落变化形态，把开发为旅游的村落分为 4 种类型，恢复型、稳定型、渐变型、突变型，并针对 4 种类型村落的区域、边界、节点、标志物、建筑物、整体风貌等相关构成要素出发，分析各类村落变化形态的基本特征，构建影响村落的变化因素模型，并指出了村落形态变化是受到市县级政策及管理措施、开发商与规划师、村落人口与村民收入、传统建筑技术与建筑材料等因素的影响；[①] 另外在车震宇的《传统村落旅游开发与形态变化》中，第一部分通过分析黄山市、丽江市、大理州几个不同地区传统村落在不同的经济背景、开发模式、投资级别、发展阶段的案例，比较详细陈述了 12 个传统村落在保护十余年的旅游开发及过程形态变化；第二部分对 12 个传统村落进程比较分析，对我国十余年旅游业对传统村落形态变化影响特征和因素等进行比较探讨，该书具有其他村落开发借鉴的价值；[②] 董虹和马智盛撰写的《中国古村落保护与开发的经济学思考——以流坑古村为例》，通过以流坑古村研究对象，分析我国古村落的形成原因，并重点研究流坑古村的文化价值特色，由此开始引发了专家学者对我国古村落的保护与开发相关经济学方向的一系列思考。[③] 这类相关研究的还有龙鸥撰写的《现代消费视角下贵州民族传统村落旅游开发思考》，[④] 徐蕻撰写的《对传统古村落旅游开发发展的探讨》，[⑤] 贾楠撰写的《留住乡愁，传统村落旅游开发莫

① 车震宇、保续刚：《传统村落旅游开发与形态变化研究》，《规划师》2006 年第 6 期，第 45 ～ 60 页。

② 车震宇：《传统村落旅游开发与形态变化》，科学出版社，2008。

③ 董虹、马智盛：《中国古村落保护与开发的经济学思考——以流坑古村为例》，《科技进步与对策》2003 年第 7 期，第 3、171 ～ 173 页。

④ 龙鸥：《现代消费视角下贵州民族传统村落旅游开发思考》，《民族论坛》2016 年第 7 期，第 73 ～ 75 页。

⑤ 徐蕻：《对传统古村落旅游开发发展的探讨》，《山西建筑》2010 年第 2 期，第 10、15 ～ 16 页。

过度》[①]等。

上述关于传统村落的研究，各类学者分别从建筑学、社会学等进行研究，更多的是关注我国当前传统村落的发展前景问题。因受区域地势等各类自然环境影响，对保护传统村落工作的有序开展带来了许多障碍，不少传统村落的损毁程度和消亡速度在不断加快，面临的问题错综复杂，保护工作面临着种种巨大的困难。探寻让传统村落的文化价值转换成文化经济价值，让传统村落在当代社会中获得更有效活态传承路径，如何处理好村落发展与相关产业开发及旅游业之间紧密关系，如何避免过度开发等，都是值得关注的新问题。

2.3 传统村落保护案例

我国制定相关保护传统村落的措施相对较晚，但是开展传统村落保护的实践探索已经有很长一段时间。20 世纪 90 年代“生态博物馆”这一理念进入中国，并于 1995 年在我国少数民族地区具有代表性的村寨进行实践；2003 年开始对具有传统文化价值的村落实施保护；2013 年后全面开启对传统村落实施保护工作。这些实践说明我国早就意识到保护传统村落文化的重要性、迫切性，同时在实施保护实践活动的过程中寻找更为合理的路径。笔者想通过分析国内外在不同文化背景、不同体制下对文化遗产保护体系下传统村落的保护与发展模式，希望寻找到更为适合我国传统村落保护与开发的方法。

---

① 贯楠：《传统村落旅游开发莫过度》，《河北日报》2018 年 1 月 2 日。

2.3.1 国内对传统村落的保护

传统村落的保护与开发利用，具有传承传统文化信息和建设特色村落的责任。在传统村落保护工作方面既要保护好物质化遗产遗存，又要保护好非物质文化遗产和村落里的传统文化并让其活态传承得到发展。以保护促进村落发展，以发展促进保护，使村落里传统文化复兴，延续特色文化的生命力。

我国对传统村落的保护起步晚，但对村落保护实践及整体发展较快。国务院 1961 年 3 月颁布的《文化保护管理暂行条例》是中华人民共和国成立后对历史文化遗产保护提出的第一部法规。1982 年 11 月通过的《中华人民共和国文物保护法》标志着“历史文化遗产保护制度”正式形成。在 1982 年通过《中华人民共和国文物保护法》的前 3 个月，国务院转批国家建委、城建总局、文物局《关于保护我国历史文化名城的请示的通知》，同时公布 24 个国家级历史文化名城，标志着我国对文化历史名城保护制度的创立。紧接着 1986 年国务院公布第二批国家历史文化名城名单，随着文化遗产保护的发展，国家建设部和文物局于 2003 年 10 月 8 日发布了《中国历史文化名镇（村）评选办法》，同时公布 12 个村镇列入第一批“中国历史文化名镇（村）”。之后根据保护工作的实际开展于 2005 年公布第二批“中国历史文化名镇（村）”24 个，2007 年公布第三批 36 个，2008 年公布第四批 36 个，2010 年公布第五批历史文化名镇 38 个、名村 6 个。随后到 2012 年开展的“国家级非物质文化遗产名录”“中国传统村落名录”的评选，并由住房城乡建设部、文化部、财政部公布了第一批列入中国传统村落名录的名单 646 个，第二年列入的村落有 915 个，为第二批，2014 年列入的村落有 994 个，为第三批，2016 年公布的第四批，列入的村落有 1 598 个。以上说明我国对传统村落的保护工作在全面深入地开展。

（1）传统村落的保护模式探索

我国传统村落的保护模式较多，有“历史文化名村”“民族文化生态村”“生态博物馆”等多种模式。历史文化名村是指：保存文物特别丰富，历史建筑集中成片，保留着传统格局和历史风貌，历史上曾经作为政治、经济、文化、交通中心或者军事要地，或者发生过重要的历史事件，或者其传统产业、历史上建设的重大工程对本地区的发展产生过重大的影响，或者能够集中反映本地区建筑的文化特色、民族特色。我国通过十余年对传统村落文化保护的实践探索，慢慢摸索出适合各地区传统村落的保护方法。2013 年，我国传统村落保护与发展工作的指导思想：一是坚持规划先行，传统村落保护发展必须先规划后实施，充分发挥规划的引导作用；二是坚持分类分级，必须分类分级开展保护发展工作，有针对性地提出抢救性维修、整体保护、合理利用等保护措施；三是坚持活态传承，注重活态传承传统村落承载的物质和非物质文化遗产，保持遗产的真实性和完整性，延续农耕文明和中华优秀传统；四是坚持一村一策，要结合村落类型以及周边人文与自然环境、地方及民族特色，因地制宜提出保护发展对策。体现在国家层面保护体系下各省市地区结合本区域特色制定符合地方的保护机制，如 2017 年 8 月 10 日贵州发布《贵州省传统村落保护和发展条例》。本书根据贵州省具体情况对省内传统村落文化遗产资源开发利用进行研究，并分析国内外相似传统村落案例，为传统村落在保护与开发中寻找到更为合理的发展模式。

2015 年首届“中国传统村落·黔东南峰会”，以“保护、传承、发展——传统村落与现代文明的对话”为主题，以传统村落保护发展现实为基础，寻求新时代传统村落发展方向。会议通过和发布成立贵州省传统村落保护发展联盟。会议对搭建关注传统村落的交流平台与保护机制的建立、探索发展传统村落地域性具有重要意义。会议提出发展传统村落保护的突出任务，注重世居居民期望改善现状、加快发展的意愿，尊重世居居民的居住、保存、发展、共享权利，加强与群众沟通，鼓励群众参与各项工作，帮助他们转变发展方式和生产方式，共建传统村落保护平台，实现利益共享，达到保护和发展辩证统一。各地传统村落保护发展形态不一，要加快建立学习交流平台，共享各地传统村落保护传承发展的成功经验。并进一步细化完善相关法律法规，坚持科学规划，积极动员社会各方面力量一起参与保护工作，实现保护有效化、利用合理化、有机和谐统一的目标。并依照《保护世界文化和自然遗产公约》的要求，自然遗产、文化遗产与非物质文化遗产的关系以创新的思路进行处理。坚持以世界文化遗产标准全面开展保护管理工作，正确处理保护、传承与发展的关系。中国传统村落中贵州是分布集中、保存完好且极具特色的地区，具有巨大的资源优势以及研究价值。贵州将加强传统村落保护与建立民族地区发展相统一，符合在保护中发展，在发展中保护的客观规律。贵州作为传统村落的富集地，是传统村落保护研究、传承发展和具体实践的理想选择，应汇聚推动传统村落保护传承发展的各方力量，助力建设成为具有西南地区特色的传统村落保护传承发展示范区。

（2）贵州省六枝梭戛生态博物馆

在贵州较早的传统村落保护始于 20 世纪 90 年代，开始进行生态博物馆的建设实践。1995年，苏东海先生向贵州省提出与挪威政府合作创建生态博物馆的建议，该建议得到中国与挪威两国最高政府职能部门的同意，并成立课题组，在课题组经过实地堪踏调研后制定出《贵州省梭戛乡建立中国第一座生态博物馆的可行性研究报告》。报告通过后，1997年6月10贵州梭戛生态博物馆资料中心正式开工，中国和挪威两国政府于同年10月签订了《挪威开发合作署与中国博物馆学会关于中国贵州梭戛生态博物馆的协议》。中国的第一座生态博物馆——贵州六枝梭戛生态博物馆正式落成于1998年10月。2000年9月5日中挪签署奥斯陆协议，贵阳花溪镇山村建成“布依族生态博物馆”；2001年1月中挪两国在北京进行贵州生态博物馆（第三阶段）项目签字，并新建了“隆里古城生态博物馆”和“黎平县堂安侗族生态博物馆”，便开启了贵州对传统村落的保护。六枝梭戛苗族回族乡高兴村在“六枝梭戛生态博物馆”保护范围内又是第三批列入中国传统名录的村落，这也是本书研究的范围。

生态博物馆的概念诞生于1970—1979年的法国，随后，生态博物馆这一概念深深影响着欧洲、拉丁美洲等诸多国家及地区。传统博物馆把文化遗产置于一个特定的建筑——博物馆中，这些文化遗产搬离了它们原来所处的环境。而生态博物馆的提出就是基于这一观点上，即指文化遗产原产地的保存与保护在其所属社区及其环境中。从某种意义上说，社区保护区域在某一方面等同于博物馆的概念。在生态博物馆概念中，自然景观、文化遗产、建筑与传统风俗等均拥有特定的价值与意义。生态博物馆在20世纪末21世纪初是村落文化遗产的保护的一种手段。

六枝梭戛生态博物馆是中挪两国文化合作项目，坐落于贵州西部的六盘水市六枝特区与毕节的织金县交界地区，由资料信息中心（设在陇戛寨）和长角苗（苗族支系——箐苗）居住的12个村寨两部分组成，总人口数5 000余人，总面积约12万平方千米。梭戛生态博物馆整体保护长角苗优秀的传统文化和自然遗产，包括生产生活、传统建筑、管理制度、传统工艺、传统音乐和舞蹈、节日庆典、宗教礼仪、婚丧嫁娶等。

图2.2　六枝梭戛长角苗生态博物馆

图片来源：作者实地调研　2015年拍摄

梭戛生态博物馆执行中挪两国专家提出的“六枝原则”进行保护。“六枝原则：①村民是其文化的拥有者，有权认同与解释其文化；②文化的含义与价值必须与人联系起来，并应予以加强；③生态博物馆的核心是公众参与，必须以民主方式管理；④当旅游和文化保护发生冲突时，应优先保护文化，不应出售文物，但鼓励以传统工艺制造纪念品出售；⑤长远和历史性规划永远是最重要的，损害长久文化的短期经济行为必须被制止；⑥观众有义务以尊重的态度遵守一定的行为准则；⑦生态博物馆没有固定的模式，因文化及社会的不同条件而千差万别；⑧促进社区经济发展，改善居民生活。”[①] 这几条原则重点概括如下：第一，强调当地村民是文化的拥有者、对文化保护是参与者，并具有较强的主体性；第二，在外来因素驱动下，以保护文化优先为原则；第三，整体保护文化遗产文化资料和非物质文化形态；第四，文化遗产保护与社区共同协调发展，逐步改善村民生活水平。在实施保护的实践中梭戛生态博物馆实行三级保护，一级核心保护区是梭戛生态博物馆的资料信息中心（陇戛寨）；二级重点保护区为高兴村（陇戛寨、小坝田寨、高兴寨、补空寨）；三级范围包括12个苗族村寨。在保护的核心区和重点区域内，整体全原状进行保护传统的村落风貌和民族文化特色，对该区的新建建筑和道路改造进行严格的控制，保护区周边的农业生产风貌、山体植被等都纳入保护范围。

生态博物馆模式下对文化的保护已经实践十多年，在整个过程中积累了一些保护传统村落的经验，同时这种模式下的保护也存在很多问题。值得借鉴的经验有：[②] ①强调当地居民的自主性和参与性，由政府、专家和居民共同参与管理；②强调物质文化和非物质文化的整体保护，注重文化与环境的良性互动；③认识

---

① 中国博物馆学会主编：《2005年贵州生态博物馆国际论坛论文集》，紫禁城出版社，2006，第13页。

② 汪欣：《传统村落与非物质文化遗产保护研究——以徽州传统村落为个案》，知识产权出版社，2014，第55页。

到提高居民生活水平的重要性；④以自然村落为单位，注重保护区域内文化的同质性，按照文化类型而不是行政区划来划定保护范围，如梭戛生态博物馆所辖村寨为箐苗文化区域，镇山布依族生态博物馆所辖村寨为布依族文化区域等；⑤以划定核心区、重点区的形式划分保护层次，重点突出，有的放矢。

生态博物馆模式在我国实践十余年，一些问题逐渐凸显，这些问题是导致生态博物馆保护模式在我国衰落的重要因素。科技现代化、城镇化的快速进程，对村落的发展冲击较大，村落经济基础较弱，被保护限定了开发的条件，导致其经济发展不起来，同时导致传统村落本土文化全面萎缩。因经济发展困难，村落外出务工人员较多，导致村落里劳动力流失，传统村落空巢化日益突出，传统村落中的传统文化传承后继乏人。生态博物馆规划时意识到提高当地居民的生活水平，但在实践中对发展当地经济的措施没有落到实处。因保护原则中要求原状保护，没有考虑车辆通行，对道路只做了适当的调整，也没有积极地发展旅游业等。生态博物馆的管理实践与理论脱节，我国当前体制是政府、专家、居民共管，实质上文化是当地居民的，然而在管理上当地居民的参与性很弱。“在梭戛生态博物馆里无论是管理人员还是工作人员，没有一个当地人，都是政府文化部门派来的干部。”①

新一轮的生态博物馆问题于2011年8月国家文物局将其再次提上议程。同时还颁布了《关于促进生态（社区）博物馆发展的通知》和《关于命名首批生态（社区）博物馆示范点的通知》，

---

① 方李莉，等著：《陇戛寨人的生活变迁——梭戛生态博物馆研究》，学苑出版社，2010，第8页。

在新一轮生态博物馆里作为试点的有福建屯溪老街社区博物馆、贵州黎平的堂安生态博物馆、江西的吉安生态博物馆等5个为首批生态（社区）博物馆示范点。新一轮的生态博物馆建设原则为“政府主持、专家指导、居民主导”，强调在整体保护文化遗产的同时，将城乡建设规划与当地社会经济发展紧密结合，要求实现生态博物馆与当地社会经济共同有效产生良性互动。充分挖掘相关文化资源的内涵，依托旅游观光、文化休闲产业，科学合理的发挥生态博物馆推动经济社会发展的特有作用，促进资源优势转化为经济优势，推动各地区特别是农村、民族地区的传统产业的调整。此外，允许各地根据自身的经济发展水平和文化特色，探索创新生态博物馆的发展路径。

在新一轮的生态博物馆建设中所提出的发展模式更加适合我国社会现实，但还需要时间的检验。我国当前传统村落的发展模式还有很多，多数都处于正在探索阶段。如何在传统村落里发展好经济和守护好民族文化，需要社会各界人士的共同努力。

2.3.2 国外对传统村落的保护

西方国家的文化遗产保护经历从单一控制保护、保护与利用并重的发展过程。从建筑单体的保护到建筑群再扩大到文化区域的保护，在此基础上进行有效的管理使历史文化遗产崛起，通过开发与利用产生经济效益，为地方文化遗产保护提供经济支撑。大体上西方发达国家对历史文化遗产保护经历了从对单体建筑及构筑物等为主、由单体建筑的保护延伸到对建筑群和城市景观以及建筑环境、制定更具有针对性的、特别的和地方化的保护政策。由单一的控制保护发展到保护与利用并重，再到在保护的基础上振兴文化遗产；由单体保护到区域文化保护，这是西方在实

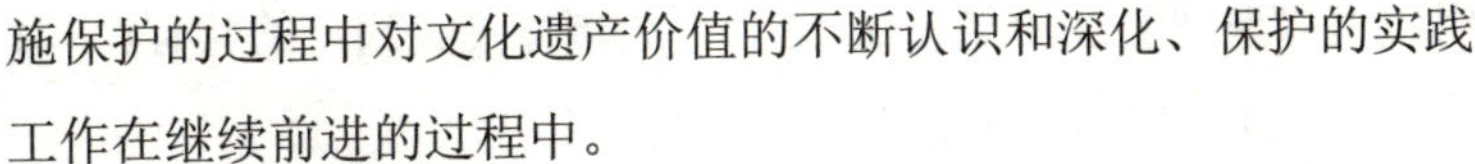

施保护的过程中对文化遗产价值的不断认识和深化、保护的实践工作在继续前进的过程中。

（1）法国文化遗产保护经验

法国是典型的文化遗产大国，法国是最先把建筑群、村落、历史文化街区和整个城镇纳入法律制度保护的国家。法国在文化遗产保护方面走在世界的前列，许多遗产保护经验对世界各国产生影响。在文化遗产保护的法制建设方面同样领先世界各国，关于文化遗产保护相关的法律就颁布过 100 多部，为法国人民保护自己的文化遗产奠定了基础。

法国于 1840 年颁布了《历史性建筑法案》，是世界上最早的一部关于文物保护的法律，1887 年颁布了《纪念物保护法》，1906 年通过了《历史文物建筑及具有艺术价值的自然景区保护法》等。“但现行文化遗产保护制度所遵循的法律规则，基本是 1913 年颁布的《历史古迹法》和 1930 年颁布的《景观保护法》”。[①] 在《景观保护法》中“首次将天然纪念物和富有艺术、历史、科学、传奇及画境特色地点列为保护对象，包括自然保护区、风景区、公园、小城镇、村落以及巴黎的部分老城区等。”[②] 法国对历史文化遗产的保护在不断地实施，保护法律在不断地完善，法国对“城市、风景遗址保护区、建筑”分三个层次进行保护：一是历史纪念物周围区域，二是建筑、城市和风景遗产保护区，三是保护区。截至 2013 年 6 月，法国列入联合国教科文

---

① 李林、王燕妮：《文化遗产的保护研究》，湖北人民出版社，2012，第 135 页。

② 张松：《历史城市保护学导论——文化遗产和历史环境保护的一种整体性方法》，同济大学出版社，2008，第 81 页。

组织世界遗产名录的共有38处，列为国家文化遗产的共有约4.4万处。[①] 其中许多文化遗产保护区位于乡村。

（2）意大利文化遗产保护经验

意大利是全世界遗产最多的国家，截至2013年6月，列入联合国教科文组织世界遗产名录的有45项文化遗产和4项自然遗产，排名在世界各国首位。“意大利国土面积仅30多万平方千米，但整个国家却有约3 500家公立和私人博物馆、10万座教堂、5万座历史建筑和花园城堡、2 000处考古遗址。”[②] 意大利政府高度注重文化遗产，把民族特色文化遗产作为国家的魅力和竞争力的重要体现。意大利重视保护文化遗产的立法地位和作用，把遗产保护、开发和利用作为长期的国策，颁布了许多的法律进行规范。如1820年罗马颁布的《保护古物和挖掘工作》法令，此法令为后来文化遗产保护的立法奠定了基础。1909年意大利颁布了法令，对历史、艺术、建筑作品的保护进行了规范。这部法令第一次提出“物质、非物质历史、建筑、艺术遗产”的概念，明确规定了这些遗产不能被转让。1948年，意大利将文化遗产保护和自然遗产保护强制性地写入了宪法，之后的各届政府不断地加以修改和完善具体的规定。意大利目前已经有一套完备保护文化遗产的法律体系。在意大利宪法的第九条规定：“意大利共和国负责对国家的艺术、文化遗产和自然遗产的保护。”在《文化和自然遗产法》中规定“未经有关部

① 王珊：《法国和意大利文化遗产保护的经验与启示》，《华北电力大学学报》（社会科学版）2015年第2期，第4页。

② 《意大利保护文化遗产不遗余》，http://news.xinhuanet.com/2013-06-24/c_i16264032.htm。

门的批准，禁止对考古、历史和人类研究等领域有价值的文物进行任何形式的拆除、改造或修复。”把文物保护分为4个级别进行保护：第一级是具有重大历史价值的建筑艺术精品，称之为“重要文化价值建筑”，其保护方法是一切按原样保存，保护原物不得改变；第二级指具有特殊的建筑，室内外的可见部分不可改动，但结构可以更新；第三级是地方价值建筑，仅保存外观，室内可以改动，增加现代的设施，以便更好地加以使用；第四级指上述文物建筑周围环境中的一般建筑，只保存其外形，只要原样不改可以重建。①我国的文物遗产保护法在意大利的保护经验上吸收了丰富的保护经验。

（3）英国文化遗产保护经验

英国的文化遗产保护工作于19世纪80年代。1882年，英国颁布了《古城遗址保护法》，规定对史前遗迹、古代建筑物等进行保护。1932年，颁布了《城乡规划法》是关于古代传统建筑的法律条文。1944年，建立“登录建筑制度”，划定具有特别的建筑和历史意义的保护区。1946年，拟定登录建筑的选定标准并下达给环境部的调查员，标准的内容概括有：历史特征、建筑艺术特征、群体价值、年代和稀有程度。1967年，颁布了《城市文明法》。1969年，颁布《住宅法》等为保护人居环境的法案。至2014年6月，英国共有在册古迹约17 500处、登录建筑大约有441 000处、保护区约7 500处。②

① 王景慧：《从文物保护单位到历史建筑——文物古迹保护方法的深化》，《城市规划》2011年第2期，第45～78页。

② 阮仪三、王景慧、王林：《历史文化名城保护理论与规划》，同济大学出版社，1999，第81页。

（4）美国文化遗产保护经验

美国的历史发展经历较短，但对历史文物和文化遗产的保护非常重视。1966年10月，美国联邦政府制定了《国家历史保护法》，该法案为保护历史环境保护的综合性的政策及措施，是美国历史环境保护的基本依据。美国确立的历史环境保护制度的基本体系如下：[①] ①历史性场所国家登记制度；②历史保护咨询审议会负责调配给各州用于保护的国家拨款及国家历史保护信托基金；③对登录文物有影响的开发项目审议制度；④各州配置负责登录文物保护与登录制度管理的保护官员；⑤设立国家信托基金会管理历史保护基金和其他补助金。"国家登录制度""在美国的历史、建筑、考古、工程技术及文化方面有重要意义，在场所、设计、环境、材料、工艺、氛围以及关联性上具有完整性的历史地段、史迹、建筑物、构筑物、物件，有50年以上历史者，即可进行登录。"[②]1976年，美国联邦政府通过"税收改革"，在该法中有一条叫"联邦历史复兴税收法"是关于历史文化保护方面的税收优惠政策。"凡是私人贷款用于投资修复建筑物，可以免缴部分个人所得税，免缴税款额度累积最高可达到他本人用于修复建筑物支出的20%。"[③] 在实施新的税收改革法后，美国历史文化遗产抢救约27 000处，在2000年用于修复古旧房屋的个人投资金额高达26亿美元。1976年，通过州艺术机构与私人合作，政府给予文化遗产保护一定的经费

① 张松：《历史城市保护学导论——文化遗产和历史环境保护的一种整体性方法》，同济大学出版社，2008，第112页。

② 同上。

③ 李林：《文化遗产的保护与利用》，湖北人民出版社，2012，第149页。

支持，并成立了民间文化中心，通过网络数字化向读者提供美国非物质文化资源的相关资料，从而提高了美国非物质文化遗产受保护的地位。1980年，美国将非物质文化遗产纳入《国家历史保护法》内，直接得到联邦政府的支持。如对遗址保留区免除税务，对印第安的传统农作物烟草等的产品支持，较好地促进了印第安原住居民的文化和经济的有序发展。印第安的产品“SMOKIN JOES”就是联邦政府帮扶的成功案例。“SMOKIN JOES”开始在印第安保留区内有生产烟草的工厂，在联邦政府的扶持下，连锁店遍布在纽约州的各个印第安保留地内，其经营的范围有印第安珠宝、服饰、饮食等，在连锁店内还设有小型的印第安文化博物馆，展示印第安人的陶器、雕塑等手工艺品，既丰富了美国的民族文化，也推广了印第安文化。将文化宣传与经济效益共同发展，这是美国对印第安保留区保护开发利用较为成功的例证。

（5）日本和韩国对文化遗产环境的保护

日本、韩国和中国三国地缘相邻，三国历史文化上有较深的渊源，有着相似的人文环境。日韩两国都将文化遗产称为“文化财”，是亚洲较早对文化遗产进行保护的国家。

日本提出的文化遗产保护理念对联合国教科文组织在文化遗产保护方面影响很大，目前日本在文化遗产保护方面制度相对完善，经验丰富。20世纪80年代，日本推行的“一町一品”运动亦称“一村一品”运动，[1] 在社区营造中提倡传统文化保护与开发运动，经过30余年的努力和完善，当前取得了显著的成效，

---

① 李林：《文化遗产的保护与利用》，湖北人民出版社，2012，第155页。

对周边国家也产生了极大的影响。此运动挖掘了区域民俗旅游的传统手工艺文化资源，同时让传统手工艺得到了保护和开发利用。每个町都有自己鲜明而独特的“社区格”，即每个社区在固有的历史中逐渐孕育而成的社区个性和文化。“一町一品”保护运动涉及面广，如传统产业大分县大山町的“榎树木屐”，爱媛县内子町的“和伞”“大森和蜡烛”等，北海道池田町“十胜酒”，新潟县山北町的“鲑鱼干”等传统土特产；爱知县足助町的“竹编”，福岛县三岛町的“木天箩篮篓”等，传统手工艺。这些传统手工艺及产品让游客回归自然，享受异地的传统文化。“一町一品”保护运动成功案例较多，如“开创休闲农业新天地”中的“农产品谋新”，主要是在农产品的种植、加工包装及流通销售等方面进行不同程度改良或创意设计。“谋新”即在农产品之间形成差异化，达到提高传统农产品在市场的竞争力，推动传统农产品有效传播与传承。“农产品谋新”一方面在带动传统特供品与旅游纪念品的消费，另一方面促进休闲传统农业体系的完整性，为传统休闲农业注入更多有创新的休闲项目，为保护和传承文化遗产带来经济支持。在日本大分县的“丰后牛”是有名的食用牛肉品种，汤布院是温泉胜地，在这里有很多农家饲养耕牛，随着工业机械化的到来，耕牛逐渐消失，20世纪70年代初，当地居民为了有效地利用原饲养耕牛的大片草地，自发了一场“一头牛牧场”的运动。以20万日元为一个认养单位，并以大城市居住的居民为此次活动的开展对象进行肉牛认养，每年农家会以当地特色的产品为利息寄给认养肉牛的主人。除此之外，当地居民会在每年秋天举办“品尝肥牛大喊大叫会”，饲养肉牛的农家会热情邀请认养肉牛的主人欢聚于牧场，现场烧烤牛肉和品当地的葡萄酒、烧酒等。“世田谷区民健康村”是一个典型的城乡交流，促进绿色休闲和创意农业共同发展的案例，还有“越后妻有大地艺术节”“兵库县多可町八千代区住宿型市民农园”“雪子寿司”等都是日本的“一町一品”成功案例，这给周边国家进行村落的保护与发展产生了影响。

韩国在传统村落文化遗产保护的理念与日本相近，有较为完善的物质文化遗产舆论监督体系。韩国成立有非物质文化遗产委员会，组成成员来自研究机构、高校、社会文化团体的专家以及政府聘请的普通群众、各省知事组成的非专家代表。委员会要对非物质文化遗产项目进行调研、论证、公示等相关工作，同时要对被列入非物质文化遗产的项目进行保护监督工作。对传统村落的保护严格按照 1962 年的《文化财保护法》执行，对村落里的国家级的相关文物，按照法律规定的方式进行保存和修缮，对村落空间要求维持村落生态环境格局，对村落里的自然环境禁止新建建筑，对原有建筑进行定期修缮，定期对道路进行修缮；保护世居居民日常生活正常有序开展，要求村民参与到村落的维护和管理；禁止在村落内搞商业性活动，但允许少量的酒店、饭馆、家庭旅馆，采取村周边新建集市的方式，供游客采购和食宿，设立传统文化传习馆。如河回村设有假面舞剧传习馆，并设立博物馆展示村落的历史文化。

安东河的河回村是韩国同姓村的典范，丰山柳氏家族在此生活了 600 多年，村内的瓦房和草屋经历了岁月变迁依然完好地保存至今天。朝鲜时期的大儒学家柳云龙和壬辰倭乱时期的国家领议政（即宰相）柳成龙出生于此，从而使河回村更加著名。村子地形图被洛东江呈“S”形环绕，取“河回于此”之义，得“河回村”一名。河回村属于太极形、莲花浮水形、行舟形，早在朝鲜时期就成为著名的宜居之地。村子东面是从太白山脉延伸出来的花山，海拔327米，花山山脉逐渐演变为低矮的丘陵并延伸至河回村西面。村子的中心和最高处是三神堂，并有600多年树龄的榉树。整个村内的房子都是朝向洛东江而建，因此与韩国其他村子正南、东南朝向的房子相比，房子朝向不一致无疑是河回的与众不同之处。

河回村，现在仍然保存着以前人们喜欢的“河回别神假面游戏”和文人们喜欢的“船游绳火游戏”，以及被指定为韩国国宝的河回屏山假面、惩毖录、养真堂、忠孝堂等21处文化遗产。因此，河回村是一个能让人感受韩国传统文化和建筑文化的地方。

韩国的传统村落以氏族、邑城等形式组成，氏族型的村落较多且具有代表性。位于安东河的河回村与庆州的良洞村是韩国传统民俗村的代表。2010年7月，在巴西的巴西利亚举行的第34届世界遗产委员会会议中确定韩国的“河回村”和“良洞村”列入《世界文化遗产名录》。

日韩两国十分重视有形“文化财”“无形文化财”及无形文化财持有者的保护与管理，立法对传承者与持有者的生活进行补贴与社会名誉地位进行保护，并规定传承人有义务把传统技艺或者艺能进行传播和展示。韩国政府制定了金字塔式的文化传承人规定，最顶层的传承者被授予“保有者”称号，是全国具有传统文化技能、民间文化艺术或者是掌握传统工艺制作、加工最杰出的文化传承人。“保有者”得到政府的大力保护与财力支持，同时受到社会各界人士的尊重。

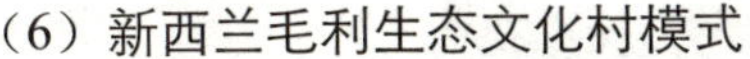

（6）新西兰毛利生态文化村模式

新西兰毛利生态文化村模式是依据毛利中心旅游——银蕨螺旋价值观模型为基础而形成的一种基本模式。毛利生态文化模式是一个注重民族团结、自我发展、文化完整、生态完整的社会经济以及自然文化生态系统的模式，有着稳定的毛利家族、社区、部落和环境之间相互关系；也是一个基于毛利可持续发展中心旅游——银蕨螺旋价值的标准，即保留着文化的完整性，环境的可持续发展，社区参与的一种毛利生态旅游文化村模式。[①] 案例：新西兰的毛利文化村（Te Puia）是依托毛利中心旅游——银蕨螺旋价值观且具有完整的自然经济、文化生态的典型毛利文化特征的旅游目的地，保存有良好的生态环境。（图 2.3）

---

① Durie,M.H.*The Business Ethic and Maori Development*.School of Maorio Studies,Massey University,21st March 2002.

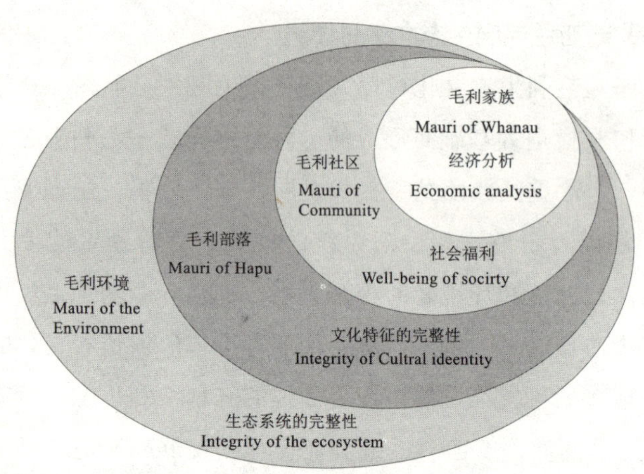

图 2.3　毛利生态文化村模式

1963 年新西兰议会通过了保护毛利文化遗产以及毛利人生活生产技艺的相关议案。毛利文化村（Te Puia），1966 年 10 月成立于罗妥卢阿，其大致的内容是要对当地的文化遗产和传统技术以及工匠等进行保护和培养，同时为这些技术或者艺术提供一个可以显示或者表演的空间等。该文化在研究所和周围环境的不断演变下成了人们游览的景点，后来随着人们对自然环境保护的意识不断提升，在毛利人和政府的共同努力下不断发展演变成具有生态文化旅游的功能区域，形成了毛利文化村。该村落的发展对全球少数民族村寨的保护起到助推和借鉴作用，其中最值得借鉴的是他们的互动式旅游形式。

新西兰毛利人好客，常用碰鼻礼（Hongi）以表其热情，同时毛利大餐、导游技巧、毛利战舞、毛利文化交流展演无一不在展示其良好生态环境和一系列民族文化现象，吸引着众多游客观光游览。从图 2.4 中可以看出在 2008 年、2009 年、2010 年游客对毛利文化活动的满意度处于不相上下的状态，可以看出各地游客对毛利的相关文化的体验感受都是乐在其中的。而六盘水市境内传统村落的旅游开发也可向其借鉴，让整个旅游管理系统更加科学。

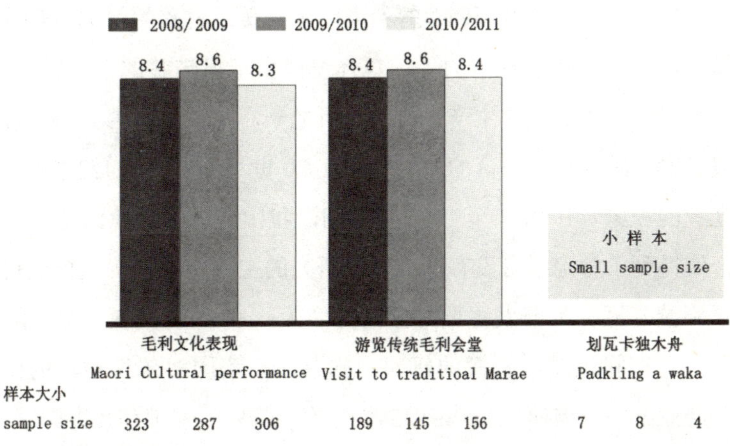

图 2.4　2008—2010 三年里毛利文化活动的满意度（新西兰的国际游客）

信息来源：胡冀珍，云南典型少数民族村落生态旅游可持续发展研究

新西兰民族精神与可持续发展“银蕨”徽标的关系渊源深厚，相传银蕨最早居住于深海，后来居住于森林，目的就是指引着人们从幽暗走向光明。由于其背面可散发出皎洁的月光，明亮的星辉，人们靠着它披荆斩棘，越过艰难险阻，回归家的怀抱。因此成为新西兰民族精神的代表，亦是新西兰生态保护和旅游可持续发展的代表。如今，银蕨的标识在整个新西兰刮起不间断持续的热潮，人们会在其产品上、胸前或其他物品上印上它，视其为新西兰的一个荣誉的象征。所以我们也该钻研六盘水市传统村

落的相关传统资料，提取文化元素，进行当地品牌的创建以及引导生态保护和旅游的可持续发展。

2.4 国外传统村落开发保护对六盘水境内传统村落的启示

日、韩等邻国及新西兰等西方国家对传统村落的保护与开发模式，给我国传统村落的保护与开发提供了可借鉴的宝贵经验。传统村落是人类集中生产生活的场所之一，在我国境内分布广且数量多。国内传统村落的旅游资源在20世纪90年代初就进入研究者的视野，1990年至1996年期间，我国传统村落旅游资源的价值得到了肯定，可没有形成开发研究的主要对象。确定传统村落旅游资源作为开发主要对象的时间大致在1997年至2001年，但对传统村落旅游资源的研究方向单一。我国对传统村落的旅游产业方向发展研究是从2012年开始，落后于邻国和西方国家，而且我国近年来对传统村落旅游资源的开发过于追求功利性，主要集中在村落旅游资源的分类和开发以及管理营销等方面。国外的研究是通过深入细致的实地考察分析工作，在传统村落旅游基础方面的研究取得较多的成果。

为更有效地保护与开发六盘水地区传统村落，本书结合国内外传统村落旅游研究现状，以及国内传统村落中独特资源和国外传统村落旅游研究，对我国传统村落旅游资源研究进行论述，得到如下启示。

第一，传统村落中的旅游资源再创造。传统村落浓缩了中华民族的农耕文化，村落中的各类资源是我国优秀的传统文化艺术载体，在传统村落形成的各个时期都有较高的审美价值。传统村落的旅游资源是历史文化遗产，其适应环境的艺术创造机制并没有消失，即传统村落旅游资源的再创造性依然存在。[①]因此，在新时代及新形势下探索传统村落旅游资源的再创造，值得让传统村落旅游资源的传承与开发利用的研究者深思。

第二，案例及个案拓展。在我国境内现有的传统村落旅游资源传承与开发利用的案例中进行分析，目前传统村落旅游资源的理论研究滞后，存在的问题明显，如旅游资源的过度盲目开发等。因此，研究者应依据各地传统村落所独有的旅游资源特色，进行个案分析，为传统村落旅游资源的实践开发提供强有力的理论支持。

第三，传统村落游客感知和游客亲身体验的启示。在体验经济时代中游客感知和体验直接关系到旅游者对传统村落旅游资源价值认识。体验经济被称为继农业经济、工业经济和服务经济时代之后第 4 个人类的活动发展阶段，[②]因此，传统村落中各项传统文化作为旅游资源，其资源的多元化及文化内涵的丰富性具有较高的开发潜力，只有分析掌握到游客的感知及体验的要求，传统村落旅游资源的开发及管理才能有的放矢。

第四，传统村落中旅游资源的本体可持续性。国内在传统村落旅游的开发中对村落传统文化的保护意识逐渐提高，但是在开发过程中的旅游资源有形的部分及收入与村落旅游资源中主体收益还没得到合理共赢发展。旅游开发的收益大部分归属到旅游开

① 李文兵:《国外传统村落旅游研究及对我国的启示》,《地理与地理信息科学》2009 年第 2 期，第 104 ～ 108 页。

② B. 约瑟夫•派恩:《体验经济》，毕崇毅，译，机械工业出版社，2012，第 12 ～ 15 页。

发者身上，而传统村落中的旅游资源主体受到冲击，使传统村落旅游资源的文化传承者与原真性问题关注较少，而这正是一个传统村落旅游资源本体开发中的主要可持续性主体，其旅游资源的价值与传统村落中村民无形的日常生产生活、生活习俗以及有形的各类构筑物和自然环境景观构成一个整体，无形的传统文化生活行为模式为其活态保护的核心。在信息化及村落旅游的开放性背景下，必然会对传统村落旅游资源的原真性、普适性带来强大的冲击，同时会使传统村落旅游资源的开发利用衍生出更多的可持续性新问题。在当前社会环境背景下对各传统村落旅游资源主体实施资源的原真性保护，能改变传统产业结构促进其有效可持续发展。我国传统村落社会经济进行资本化运作是传统村落当前和以后研究的重点。

第五，当前国内对传统村落保护研究从多学科角度进行。传统村落是一个社区循环发展的环境，在村落旅游开发中涉及援助居民及旅游开发经济管理者、旅游参与者以及旅游开发获得利益的主体等，与传统村落环境中的自然环境资源和无形的物质文化遗产之间的关系密不可分。当前较多的研究者从民俗学、经济学、建筑学、生态学、旅游学等多个学科对传统村落的社会环境进行研究，并且研究成果在逐年增多。

第三章　传统村落旅游资源的评估及构成要素

3.1 传统村落旅游资源的评估

我国农耕社会文明发育程度较高，社会管理制度完善。在秦汉后，中国2000多年的封建社会，总体上继承了西周《周礼》一套礼制制度，使中国古代城市及周边地区呈现高度的体系性，明显区别于其他文化。简而言之我国具有一定历史的城市周围，存在着复杂的聚落结构，这些聚落形成的传统村落现仍有大量存在，而村名及位置大多沿袭至今，村落内道路部分仍为原有历史性道路或者为原历史性道路的线位。而对传统村落结构的保护必须从整体着手，避免对一村一片段认识与片段的保护。

3.1.1 传统村落分级评估和科学分类

当前社会在不断快速发展，传统村落的发展也不可能停滞不前。然而在具有传统村落的空间环境中实施静态保护是没有现实意义的，是片面的行为，同时也缺少实施保护项目的可行性。对传统文化的保护我们得认清事实，任何时候任何事物都是发展变化着的，传统文化也在发生着变化。要让传统文化得以有效的传承，必须利用当前社会的科学技术与传统文化资源相整合，让其融入当前社会发展中，在当下社会环境中发挥出传统文化价值的最大化，这可能是最好的活态传承传统文化的方式。因此，科学地进行判断传统村落的历史文化价值，对其资源保护具有重要的意义。

对传统村落各项旅游资源进行分级评估工作应该从总体规划阶段开始，具体的技术要求包括以下方面：第一，资料搜集阶段，应全面搜集规划范围内的传统村落资料，包括从传统村落、乡镇管理体系以及文化发展路线等方面，还包括传统村落中居民建筑风貌较完整，形态结构特征，以及形成渊源。第二，规划时要对这些传统村落进行分级评估，确定传统文化价值突出，较高、一般等级别。第三，规划时要提出不同级别的保护措施，以及发展要求。第四，城镇体系或城镇体系规划中，要充分考虑传统村落的价值级别，尽量避免拆迁合并传统文化价值突出的传统村落，构建传统村落网络等。通过分级评估后，将中国的传统村落科学地划分为：历史文化名村、风貌保护完整的传统村落或村寨、具有格局保护型的传统村庄、传统风貌建筑群等。

对于“文物古迹比较集中，或能较完整地体现某一历史时期传统风貌和民族地方特色”传统村落，所在地的县级人民政府提出申请，经省、自治区、直辖市人民政府确定的保护主管部门，进行同级文物主管部门和有关部门、专家等的论证，提出审查意见，承认并公布的，属历史文化名村。

风貌保护型传统村落即整体风貌较完整，保护价值较高，但未被命名的传统村落。历史文化名村的传统村落，可划分为风貌保护型传统村落。

格局保护型传统村落即整体风貌一般，新旧建筑并存，但格局较完整，并未被命名为历史文化名村的传统村落。

传统风貌建筑群是指位于城市边缘地区，或与现代建筑成片

区交错的传统风貌较好的建筑群。

传统村落的规划编制工作要优先开展，选择水平较高的规划编制单位进行工作，要明确规划中保护的重要地位，规划审批要有保护方面的专家参与评审。

3.1.2 传统村落资源的价值评估

对传统村落进行保护，首先要明确清楚遵循什么保护条例，按照什么保护条例进行保护，同时要了解保护对象的内容和要素。进一步明确什么是传统村落保护的对象和内容，也就是说保护对象的价值特色在哪里，有些什么文化遗产的资源。保护传统村落首要任务是在认识其保护内容后，对传统村落的自然和人文资源的价值、现状、利用状况等方面来进行评估。

表 3.1　传统村落旅游资源构成的评估要素表

要素	内容
自然地理	地理位置、地质地貌、水文气象、土壤生物、生态环境、自然灾害等
历史沿革	地方史志、建制沿革、聚落变迁、重大历史事件等
传统格局	构成村落传统格局的地形、水系、传统轴线、历史街巷、河道、重要公共建筑、公共空间的布局等
建筑遗存	现存文物单位和历史建筑的详细信息，规划范围内其他建筑物，构筑物的使用性质、年代、质量风貌高度、材料等信息
历史环境要素	构成历史风貌的驳岸、围墙、石阶、店铺、古井、古树、古桥等景物
民俗文化	方言、民间文学、宗教信仰、礼仪、节庆、风俗习惯、地方传统表演艺术、歌曲、传统技艺、医药等

在资料调查和评价的基础上，分析传统村落地域社会经济发展的现状，以及明确了解传统村的历史发展和村落旅游资源的价值和文化内涵。

3.2 传统村落旅游资源的构成要素

传统村落旅游资源的构成要素，由自然类与人文类两大类文化要素组成，人文类文化要素又由物质文化要素以及非物质文化要素共同组成。因此，本书研究的天门村、高兴村、妥乐村等9个传统的旅游资源构成要素是由自然环境景观、传统村落的物质文化要素、传统村落的非物质文化要素三大部分共同组成。

3.2.1 自然环境景观要素

（1）自然环境中的地形地貌

自然环境中的地形地貌对传统村落所在地和布局有很大影响，是决定传统村落的发展最关键的要素之一。我国国土面积宽广，地形地貌多样复杂，早期人类的自然聚集形成各种村落的形态，形成了传统村落的观光资源文化发展的基础要素。六盘水市地处我国西南地区的贵州，贵州的地形地貌以贵州西部的喀斯特地貌最为独特，本书研究的传统村落正处于该地区，其丰富的喀斯特地貌成为独特的构成要素。

图 3.1　天门村断裂河谷景观

图片来源：2016 年作者拍摄

（2）水文

水文对于传统村落延续农耕文化数千年而得以保存，水文条件是自然环境中各生物的生命之源。全球各类动植物都离不开水，同时也是我国数千年形成农耕文化的首要条件，也是各传统村落生态环境及传统文化形成的命脉。山川、溪流、湖、沼泽、水洼、农田等不同的水文条件和特征，对各地带中传统村落的生态特征的形成起到决定性作用。六盘水市境内的传统村落也不例外，水域在境内各传统村落文化的形成中是其重要的组成部分。

（3）气候

气候是大气物理变化现象特征，在长期变化中的平均状态，它与天气不同具有稳定性。气候以冷暖、干湿等特征来衡量，以年、季、月为时间尺度，观测出平均值。我国的国土面积在热带、亚热带、暖温带、中温带、寒带、寒温带的几个气候带上，气候类型有着极其复杂变化的现象。六盘水市境内传统村落建筑的空间以及传统村落居民的生产生活受到气候变化的直接影响。

图 3.2　天门村断裂河谷气候景观

图片来源：2016 年作者拍摄

（4）自然生物

自然界的生物对传统村落的生产生活产生较大影响。动物、植物有关的畜牧业和各类种植业，古树名木等在传统村落中起着重要的作用。各类动植物相关生物在境内的自然环境中遵循相应的生物链发展和布局。当前不少生物在传统村落周围逐渐消失，生物多样性和生物平衡正面临严峻挑战，这对传统村落与大自然的和谐和可持续发展有着重要影响。

3.2.2 传统村落的物质文化要素

（1）各级文物保护单位

社会在发展，在六盘水市境内一些传统村落中保留有年代久远的遗址遗物被列为文物保护单位。革命遗址及革命纪念性建筑，古建筑及历史纪念建筑（城市建筑、宫殿建筑、衙署建筑、园林建筑、宗教建筑、馆堂建筑、坛庙建筑、书院建筑、民居建筑、交通建筑、水利建筑），石窟、石刻、古墓等对传统村落的形成凸显村落传统文化底蕴。

（2）历史建筑

在传统村落中历史建筑是形成传统村落文化资源的极其重要的构成部分之一。根据传统建筑的功能进行分类，大致可以归纳为生活类传统建筑，如名人故居和传统民居

图 3.3　盘县大洞遗址

图片来源：2016 年作者拍摄

等。还有人们生产类相关传统建筑，如传统磨坊遗址、工业遗址等。公共服务类传统建筑，如凉亭、桥梁等相关建筑。在传统村落中各类建筑都是村落中村民进行生产生活密不可分的重要组成部分，它们是村民生活的必备条件，也是传统村落建筑文化的载体。

（3）构筑物

构筑物在传统村落中各司其责。如道路在传统村落中不仅仅能够组织交通，它既是村落中的景观廊道，更是整个村落形态的空间构成骨架，同时承担着村落各景观节点的路网。从各类道路呈现的功能进行梳理，多数道路都蕴藏着村民日常生产生活所涉及方方面面的各项功能，是村落中综合型的交通道路，同时也形成了传统村落给世人展现独特景观的文化轴网。祭祀坛塔等构筑物是传统村落中村民的精神信仰遗留下来的产物，凝聚着村民一代代在长期生活中的审美和精神追求，记载着大量的历史文化信息。

3.2.3 传统村落的非物质文化要素

（1）传统村落的民俗民风

传统村落中的民风民俗是民族社会团体或群体在长期生产生活实践中逐渐形成的生活习惯和风俗，是祖先们长期流传、相对稳定的文化生活事项。我国的民族众多，因地域面积、民族、地区的环境、经济发展等不同，出现了众多民族性和地域性平衡较大的差异性，这些让传统村落的发展与村民所面对当前社会发展速度认识及价值观念等产生极大的影响。六盘水市境内传统村落中的民俗民风在当前对传统村落的非物质文化保护与开发利用占据主要的地位。

图 3.4 高兴村村民芦笙舞

图片来源：2015 年作者拍摄

（2）口头传说与宗教信仰

在传统村落发展过程中，因各时期发展条件不同很多重要事项就以口头传说方式进行传承。在人类发展进程中，各时期出现勇者改变自然界，或者征服自然界凶猛野兽的一些现象，以口头叙述代代相传，让后代尊敬、崇拜以及激励的事物，这与其宗教信仰的形式不谋而合。这种现象是各族先民在长期的人类社会发展中某一阶段所形成的意识形态。在我国各地的传统村落中，各族群的精神信仰也各有不同，有自然神灵崇拜、先祖崇拜、鬼神崇拜、人造物崇拜等。口头传说与宗教信仰也是六盘水市境内传统村落非物质文化遗产中非物质形态表现的精神产物。

（3）传统技艺

各族人民的传统技艺同样凝聚着先民们的综合智慧。各族群的传统技艺首先是服务于族群的基本生活，技艺一般追求其使用功能，当然也满足人民的精神需求。而所有的技艺与村民的日常生活联系紧密，且各地域的传统技艺都在一定程度上体现出地域性的审美观念和精神追求。传统的表演等技艺及传统手工艺受到区域、民族、各时期文化等因素影响，表现出较大的地域差异化、民族审美差异化而独具特色，这些亦是构成六盘水市境内传统村落非物质文化的重要组成部分。

图 3.5　天门村织布技艺

图片来源：2015 年作者拍摄

3.3 传统村落旅游资源的类型

3.3.1 物质文化遗产资源

传统村落的物质文化资源包括以下八类。

第一，在相关的国家文物管理单位、文物保护部门公布的国家级、省级、市级以及未被列级文物单位（革命纪念建筑及革命遗址、园林建筑、宗教建筑、庙坛建筑、馆堂建筑、民居建筑、书院建筑、交通建筑、纪念建筑、水利建筑、石窟、石刻、古遗址等）。

第二，历史环境要素指的是文物旧址、历史建筑等以外还有构成历史风貌的围墙、石阶、地铺、驳岸、树木等景物。

第三，历史建筑，是指具有一定的保护价值，反映某一地区独特的历史风貌和地方特色的建筑物，没有被作为文物保护的单位公布，也没有被列入不可移动文物的建筑物及构筑物。历史建筑通过专家评议后，可由县级以上保护主管部门公布，一般应满足建筑样式、结构、材料、施工工艺和工程技术具有时代特色及地域特色，具有其特殊的革命纪念意义，典型的作坊、商铺、厂房和仓库等，具有其他特殊历史意义的建筑，如：祠堂、古书院、古庙宇、府第大厝、名人故居以及其他明清、民国民居等类型的建筑标准之一。

第四，历史街巷，是指走向、形态、尺度、铺装、命名等具有历史特征的街巷，或者与典故传说有关的街巷。

第五，传统格局，是指具有历史特征与人文内涵的村镇整体布局。

第六，历史风貌，是指由具有地方特色的传统建筑（构）筑物、绿化种植、地形地貌等组成的整体风貌。

第七，聚落自然环境与传统生产方式所构成的文化景观，是指村镇周边的山体丘陵、河流湖泊、绿化种植等，也包括传统农耕形成的农田景观，如梯田、水田、盐池等。

第八，一定历史阶段的代表生产设施和场所，包括风车、水车、磨坊、酒坊等。

3.3.2 非物质文化遗产资源

非物质遗产资源包括在各级非物质文化遗产中注册的遗产资源，也包括广义上需要通过口传心授的方式得以传承的非物质文化遗产，无论是否列入各级名录，可分为以下五类。

第一，口头传说和表述，包括与传统村镇历史传承息息相关的传说典故、历史上的名人事迹及其精神、街巷名称的由来及变迁、文学作品、家族谱系等。

第二，传统的演技艺术包括民间舞蹈、戏剧、杂技等曲艺形式。

第三，民俗活动、礼仪、节庆，包括地方有特色的祭天、求神、年节庆祝等仪式。

第四，有关自然界和宇宙的民间传统知识和实践，包括村镇营建、居民建造、园林建造、宗教文化等。

第五，传统手工艺技能，包括泥塑、剪纸等民间技艺、传统食品、传统生产工具、传统生活用具及制作工艺等。

非物质文化遗产的分类在《保护非物质文化遗产公约》中分为：口头传统和表现形式包括作为非物质文化遗产媒介的语言，表演艺术，社会实践，仪式，节庆活动，有关自然界和宇宙的知识及实践，传统手工艺。我国的非物质文化遗产在保护实践中，结合我国实践基本情况，2011 年 2 月 25 日颁布了《中华人民共和国非物质文化遗产法》，其中指出，各族人民世代相传并视为文化遗产组成部分的各种传统文化表现形式，以及传统文化表现形式相关的实物和场所等分为六个大类，见表 3-2：

表 3.2 非物质文化遗产类型表

序号	类型
1	传统的口头文学与其语言载体
2	传统美术、书法、音乐、舞蹈、戏剧、曲艺和杂技
3	传统技艺、医药和历法
4	传统礼仪、节庆等民俗
5	传统体育和游艺
6	其他非物质文化遗产

根据工作的可操作性，将非物质文化遗产分为十大类别：民间文学（Folk Literature），传统体育、游艺与杂技（Traditional Sports, Recreation and Acrobatics），传统音乐（Traditional Music），传统美术（Traditional Arts），传统舞蹈（Traditional Dance），传统技艺（Traditional Skills），传统戏剧（Traditional Opera），传统医药（Traditional Medicine），曲艺（Chinese Quyi Music），民俗（Folk-custom）。各类别中包含的小项，见表 3-3：

表 3.3 中国非物质文化遗产十大类别表

序号	类别	内容
1	民间文学	传说、民族民间故事、小说、谜语、诗歌等
2	传统体育、游艺与杂技	杂技、抖空竹、天桥中幡、少林功夫、武术、太极拳、跳板、秋千、搏克、蹴鞠等
3	传统音乐	民歌、花调、山歌、调声、号子、锣鼓、琴艺、鼓乐等
4	传统美术	木板年华、唐卡、剪纸、内画、瓷板画、软木画、建筑彩绘、灶头画、纸织画、书法、顾绣、苏绣、湘绣、粤绣、蜀绣、挑花、苗绣、蜡染，各类雕刻、泥塑、编织等

续表

序号	类型	项目
5	传统舞蹈	太平鼓、秧歌、龙舞、狮舞、花鼓舞、傩舞、高跷、芦笙舞、铜鼓舞等
6	传统技艺	陶器制作与烧制技艺、棉丝编织技艺、染坊技艺、建筑营造技艺、工艺品锻制技艺、雕漆技艺、酿酒技艺、造纸技艺等
7	传统戏剧	昆曲、梨园戏、青阳腔、高腔、川剧、湘剧、晋剧、豫剧、越调、京剧、汉剧、柳琴戏、秧歌戏等
8	传统医药	传统中医诊疗法、中药炮制技艺、中医传统制剂方法、针灸、各族传统医药
9	曲艺	大鼓、评弹、鼓词、说书、南词、鼓书、琴书、小曲、丝弦、说唱、善书、二人转、快书、八音坐唱等
10	民俗	春节、清明节、端午节、七夕节、中秋节、重阳节、泼水节、火把节、鼓藏节、姊妹节、仙女节、萨玛节、各类祭典、庙会、灯会、婚礼、习俗、服饰、节气等各种民间习俗

从表中的非物质文化遗产分类来看，非物质文化遗产被分类为与物质生活密切相关和精神生活密切相关两大类。与物质生活密切相关主要是村民的生产与生活方式，涉及传统技艺、传统医药、传统美术等与手工制作有关的技艺和与生活起居密切相关的技艺等；与精神生活密切相关的各类非物质性文化遗产，如传统节庆纪念日、各民族传统的歌曲以及乐器、各民族的信仰、各民族传统的戏剧、各民族传统的舞蹈、各民族传统的音乐、各民族传说、民间文学等。不管哪种分类，在非物质文化遗产保护中是分割不开的。在传统村落中各类的非物质文化遗产是血脉相连的，相互联系在一起形成一个整体，它们之间相互促进、相互牵制，随社会的发展文化同时也在不断地演变，构成丰富整体的村落文化，形成一种活态在传统村落中不断发展。非物质文化是传

统文化村落重要的组成一部分，在保护时有必要分析非物质文化与传统村落文化之间的关系，对村落文化进行整体分析，能促进传统村落非物质文化资源的整体有效保护。

第四章　六盘水市传统村落资源的开发利用

4.1 六盘水市传统村落环境解析

4.1.1 六盘水市概况

六盘水市位于中国贵州西部的乌蒙山区，处滇、黔两省交界结合处，长江及珠江上游分水岭，南、北盘江穿流而过，矿产资源丰富。六盘水市地下藏有丰富的矿物能源，以能源原材料为主，是国家“三线”建设时期新兴发展起来的一座能源原材料工业城市，1978 年经国务院批准正式建市。全市辖国土面积 9 965 平方千米，设有 4 个县级行政区：钟山区、六枝特区、盘州市（原盘县）、水城县，87 个乡镇、街道（39 个镇、25 个民族乡、1 个乡、22 个街道），1 104 个村寨，2016 年末全市户籍人口 340 万，其中农村人口 280 万。2016 年，全市少数民族众多，以苗族、彝族、布依族等民族为代表的少数民族人口共 89.27 万人。

六盘水市矿产资源十分丰富。现已经发现有煤、铁、铜、锰、锌、锑、铀、银、大理石、石灰石、萤石、白云石、方解石、重晶石、水晶、水泥配料黏土等 30 多种矿产资源。煤炭资源丰富，煤炭品种较全、煤炭质量较好、埋藏浅易于开采，是长江以南发展最大的主焦煤基地，境内素有“江南煤都”“西南煤海”的美誉。煤层气资源的储量较大，是贵州毕节水兴煤层产业化基地的重要组成部分。市内有首钢水钢（集团）公司、盘江煤电（集团）公司、水矿控股（集团）公司、六枝工矿（集团）公司、盘县发电厂、盘南发电厂、水城水泥股份有限公司、汪家寨野马发电厂等大型企业，形成以煤炭、冶金、电力、建材、新型煤化工、机械制造等现代化体系的经济发展支柱。

六盘水市因地处云贵高原的喀斯特地貌，具有独特的气候资源。六盘水市境内最低海拔为 586 米，最高海拔 2 900.6 米，市域垂直高差较大，立体气候明显。年均气温 15℃，冬季气温平均 3℃，夏季平均气温 19.7℃，实属夏无酷暑，冬无严寒，全年凉爽舒适级以上的时间为 223 天以上，是消夏避暑宜居的地方，2005 年 8 月，国家气象学会向六盘水市政府颁发了“中国凉都·六盘水”的证书。

六盘水市地处喀斯特地貌，自然旅游资源丰富。全市境内森林、溶洞、峡谷、瀑布、溪流、湖泊、温泉等处处可见，奇山、绿水、处处成景。境内水生物资源多样。全市境内目前已经发现有种子植物 162 科 614 属 1 700 多种，包含银杏、珙桐、红豆杉、水杉等 10 种国家一级保护植物，以及鹅掌楸、伞花木、西康玉兰、十齿花以及香果树等 15 种国家二级保护植物，有着“中国红豆杉之乡”“世界古银杏之乡”“ 中国野生刺梨之乡”“中国野生猕猴桃之乡”等荣誉称号。

六盘水市境内拥有悠久的历史文化资源。1993 年在盘县（今盘州市）考古发现距今 20 多万年前的“盘县大洞人”为贵州发现最早智人，水城县硝灰洞发现距今约 8 万年前的“水城人”，六枝特区的桃花洞发现距今约 1 万年前的“桃花洞人”。境内有春秋后的牂牁国，战国时期的夜郎国，红军长征时期红二六军团在现在盘州市老城内的九间楼召开了“盘县会议”以及“三线”建设时期形成的“三线”文化。在六盘水市境内居住着44个少数民族，民族文化丰富多彩。众多的少数民族孕育了多彩多姿的区域民间文化，如：“盘州布依盘歌”“盘州彝族山歌”“六枝梭戛苗族蜡染技艺”等国家级非物质文化遗产，还有“彝族火把节”“苗族跳花节”“回族开斋节”“仡佬族吃新节”等。近年来六盘水依托独特的气候资源、自然山体资源、水生物资源、历史文化资源、民族文化资源以及地处川、滇、黔、桂等交通区位优势，把六盘水市的自然与人文景观建设成为一个宜居的山地公园市。六盘水市境内交通区位优势明显。地处川、黔、滇、桂四省结合处，境内有贵昆、内昆、南昆、水红、株六复线、盘西、沪昆高速等铁路，沪昆、都香、杭瑞、盘兴、水盘等高速公路从境内穿过。

2017年，全市生产总值完成1 461.71亿元，增长11.1%；规模以上工业增加值完成560.27亿元，增长10.2%；固定资产投资完成1 652.5亿元，增长21.7%；一般公共预算收入完成138.62亿元，增长6.08%；城镇、农村居民人均可支配收入分别达到27 893元和9 069元，分别增长9.5%和10.2%。①

4.1.2 六盘水市传统村落

六盘水市境内的传统村落由世居居民和外来民族在漫长的社会发展过程中逐渐形成。外来民族是生活在中原的各氏族，由于

① 资料来源：六盘水市人民政府网，网址：http://www.gzlps.gov.cn/sq/ldgk/ldgk_2/index.html.

不同时期为避战乱，不断往南再往西南方向迁徙，最终在云贵高原的乌蒙山区落地生根，世代繁衍，逐渐形成以血缘为纽带，以族群为单位的同族同宗的村落和以外来民族与世居居民相互包容共同营造的村落。各村落的形成和发展深受氏族后裔及外来文化的影响，有典型的少数民族传统村落，也有少数民族与汉族相互影响相互依存的传统村落。

（1）六盘水市传统村落的历史发展

六盘水市传统村落的形成，受六盘水市独特的喀斯特地貌因素的影响和历史文化因素的影响。本节从自然环境、形成的历史原因、经济发展对村落发展方面对六盘水市传统村落的历史发展进行分析。

①六盘水市传统村落的自然环境。

六盘水市传统村落坐落在云贵高原的乌蒙山区，分散在这片喀斯特地貌的各个角落。境内群峰耸立，谷岭交错，有连绵不断的深山、有地壳运动形成的垂直深峡谷，有台地、山地、丘陵、高原、盆地等地貌类型。主要坐落在乌蒙山脉地区，乌江上游的三岔河分布于境内北部；珠江水系上游的北盘江从境内西部往东部横贯市域中部；南盘江各支流分布在境内南部，境内长江水系支流有9条，34条珠江水系的支流，河谷狭窄、水流湍急、落差较大。

六盘水市传统村落的旅游资源深受自然环境和传统氏族文化的影响，村落的选址非常注重周围的自然环境。其村落的基本格局为山环水抱，背山面水，坐落于群山和水岸之间，即“枕山、环水、面屏”是“前有朝山和案山，后倚来龙山，水口出有两山夹峙把守，夹峙两山多‘喝形’为狮山、象山、龟山、蛇山等，河流或者溪水从村其前流过，似金带环抱。”[①] 如天门村境内三面环山，一面开敞，背靠吴王山，格所河及北盘江从村前交汇，三山环抱及格所河和北盘江形成天然屏障，该村自然山水格局完整且突出。

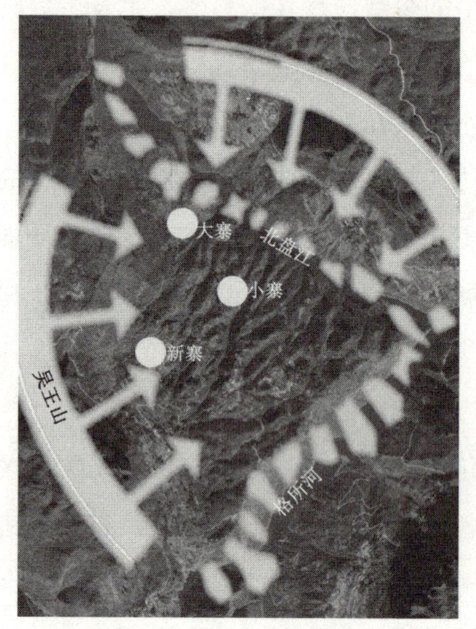

图 4.1　天门村周围环境

图片来源：谷歌地图下载作者绘制

六盘水市传统村落坐落于山麓、交通要道、河曲凹岸、河谷沿岸。坐落在喀斯特地貌的村落以分散为主要特点，多坐落于山地的台地或者土壤肥沃的地方，与地质构造关系密切，村落所处的地形地貌直接影响着村落形成的大小规模；而山麓因水源灌溉影响着村落的农业生产，因生产活动而形成村落聚点；河谷两岸

① 陆林、凌善金、焦华富：《徽州村落》，安徽人民出版社，2005，第66页。

及河曲凹地因距水源近，有丰富的水源便于农业的生产，同时因水域中有丰富的水生物，所以易形成传统村落的主要聚居地。

②六盘水市传统村落形成的历史原因。

早在20万年前早期智人在这片土地上生活，在盘州市（盘县大洞人）、水城县硝灰洞（水城人）、六枝特区桃花洞（桃花洞人）发现了早期智人的生活痕迹。春秋时期少数民族在此建立牂牁国，战国时期世居居民在此区域建立少数民族方国——夜郎方国。秦汉以后，北方及中原其他地区的人民为了躲避战争带来的伤害，纷纷南迁再转迁徙至此与世居居民融合共建形成独特的山地传统村落文化。

六盘水市传统村落的形成，主要与历史上三大因素有关，分别是春秋至战国时期牂牁与夜郎少数民族方国的建立、秦汉统一、明朝朱元璋的“调北征南”。这三个历史时期，是六盘水传统村落人口变化较大的时期，根据史料记载多地为屯军基地。如盘州市的水塘村为明代屯军之地，包括上伍屯、中伍屯及下伍屯。全村明代时主要居住着汪、李、朱、陈四姓，李姓在明代世袭千户职和百户职，明亡后，李姓匿隐田间，以耕读经商为业。嘉庆二年，兴义苗民起义，李氏主张民族团结，共御外侮，既反对官府对少数民族的残酷压迫，也反对起义者滥杀无辜，自取灭亡。苗军万人来攻普安州城，李思明带领南里乡民在楂子岭击退苗军，使普安州得到保全。南里人民安居乐业，并帮助苗民逃跑，不乱追杀，苗民感其义，数十年不再侵其境。李家大院在窗上雕梅花、大旗、灯台、警钟反映了这段历史；乐民村在明代称为“乐民所”，明洪武十四年（1381年）十二月，征南将军傅友德率军南征，攻克普安路（盘州市）后，留下了大量的官兵驻守。据盘州永乐《普安州志》，军人在盘州境内“城守屯戍”始自明代。铸剑为犁，化军为民，世代繁衍成为今天盘州市半数汉民的“来源”。现乐民镇是明代“乐民千户所”驻地，是“城守屯戍”的城之一。所的周边多为屯，乐民所至今还存在，如毛家屯、江西屯、欠屯、普彝屯等。明朝崇祯八年（1635 年）朝廷派王穆为平蛮大将，进驻云南曲靖寥廓山，蛮匪平定后，1638 年后王穆来到乐民里安营，设置四处营地，即王家营（大本营）、张家营、蔡家营、黄家营。清朝把乐民卫改为乐民里，管辖四甲（梓花甲、普彝甲、三岔甲、本甲），是盘州四里六营之一。由于地处交通要道，通往兴义（经归顺营、狗场营至兴义黄草坝）、云南（从乐民所一条经亦资孔站出胜境关入云南，一条经营上进入云南）的古驿道经过乐民所，加之气候宜人，物产丰富，致使当地的经济得到飞速发展，人口大增，成为名副其实的盘南重镇。六盘水境内其余的传统村落都与历史发展中的各项变革有着密切的关系。

在历史进程中，外来移民的迁徙分布于此地也是六盘水传统村落形成的主要原因。当地少数民族为躲避战争，集中寻找有天然屏障的自然环境进行居住。如天门村依托村后垂直落差较大且三面围绕的吴王山以及北盘江和格所河为天然屏障，通过自然山体险要的特征形成战争防御功能，以至于在 2006 年前未修通到村里的毛坯路时，村民想要出村得在悬崖绝壁上攀爬两千米的石梯，再经过一道只看见一线天空的石门才能出村。高兴村苗族与其他苗族一样，这支苗族先民也经历了艰难和长途的迁徙，通过采访苗寨的 12 位老人的描述，该地居住的苗族祖先在清代初期就迁徙到此；清初，吴三桂奉命围剿现今黔西、大方一带（清代时期水西彝族宣慰使安坤），水西败给清军之后，很多以安氏为依附的苗族人民到处逃散，逃到织金地区。现今六枝郎岱镇交界的森林中有一部分人，即现在的“箐苗”，由于受到战乱的冲击，“箐苗”不得不以海拔较高的森林为屏障，在森林里开辟新生活。目前梭戛箐苗社区由高兴村陇戛寨、小坝田寨、高兴寨等 12 个村寨组成。

③六盘水市传统村落形成的经济原因。

六盘水市传统村落的形成与发展，与六盘水地区的经济结构有密切关联。境内的传统村落得以保存较好的传统文化特征是基于该村的交通不便，与外界交流甚少，大多保持和沿用着中华民族的传统农耕文化。在近年来传统村落的经济得到迅速的发展，下面从“三变”改革前后进行分析。

六盘水市传统村落在 2014 年以前，村落中种植的农作物都以传统品类为主：玉米、水稻、红薯、马铃薯、豆类及蔬菜类等，养殖少量的鸡、鸭、猪、牛、马、羊等禽畜，基本都是过着自给自足的生活方式。在各传统村落里没有任何形成规模农业及企业，其基础设施也是非常的落后。唯有在三线建设时期，国家对境内的矿产进行开采，部分村民从参与三线建设工作中，获得一定的劳动回报。除此之外 2014 年以前村落中几乎没有什么产业形成规模促进经济增长；在六盘水实施“三变”创新改革践行中，当前各传统村落的经济都得到一定的发展，村落中将扶贫专项资金投入到村落里相应的农业合作社促进村落经济发展，将村集体的林地及山地等闲置资源综合运用投入到农业产业化种植中，将村民闲置资金、财产投入到旅游、现代农业公司、农民合作社等相应的合作单位中，村民并参与直接的管理并在各项投入中以股份进行分红获得收益。

（2）六盘水市传统村落的特征

①六盘水市传统村落的选址特征。

六盘水市传统村落在选址上注重与自然和谐相处“天人合一”的人居环境观。注重效法自然的哲学思想、崇尚人与自然和谐相处的理想境界以及祈吉避凶的基本原则。这些观念是中国先民在漫长的践行中形成宅基地的“选址”准则。要现代人来理解，古人所谓的“风水”在今天则转化为“规划选址”，实际上是一种选择和利用自然环境构筑理想的人居环境的理论，它包括对理想人居环境的选择和对非理想人居环境的改造。

六盘水市传统村落在选址方面，主要考虑气候、地质、生态、景观等一系列因素对人的影响。风水学里说的“四灵之地”为理想选址之地，即是“靠山起伏，高低错落，曲曲如活，中心出脉，穴位突起，龙砂虎砂，重重环抱，外出外水，层层护卫的吉祥之地”，也就是“枕山、环水、面屏”，[①] 此为六盘水传统村落的基本格局。这种格局除解决内心的祈盼（也就是希望）之外，更多的是具备实用功能；早期因躲避战乱，而选择自然环境中四周群山环绕，形成围合之势，在水域狭窄河岸，具有易守难攻，以群山、水域为自然屏障，躲避外界的战乱，在选址内进行生根落户，造就世外桃源也就奠定了当下传统村落的基本格局；为延续生命继续生存而寻找有利于生产生活的地块，使得有地种、有水喝、有路走、有柴烧、利于植物生长的地方，形成依山傍水的村落环境；还有更为理想的村落景观，“山有竹木之秀，

① 何晓昕：《风水探源》，东南大学出版社，1990，第68页。

谷有清净之幽，脉成腾水之势，河有曲折之美，春能赏山花烂漫，夏可避林木之阴，秋可收丰美之食，冬能享闲愉悦”。[①] 天门村三面环山，吴王山将天门村进行环抱着，村前有格所河与北盘江两水域形成屏障，全村世代过着日出而作日落而息的生活；而鹅毛寨、乐民村、水塘村、长湾村（长田组）、妥乐村、大中村、陆家寨村、天门村都依靠大山环抱，溪流或江河从村前穿过，形成依山傍水的村落格局。在研究对象中只有高兴村没有自然溪流，也无水系环绕，村落先民在村内低洼处寻找水域，在村周围挖田蓄水来改变村落缺水的状况，同时植树造林，改善村落散水处理、改善村落植被景观，保护极地区域水土流失、调节极地区域小气候，还有利于营造村落中美好景观，绿地的增加，从而改善了村落的整体环境。

②六盘水市传统村落的布局形态特征。

六盘水市传统村落的布局形态大多根据村落房屋住宅的分布情况形成，具有村落布局形态中的集聚型村落与散居型村落。在早期少数民族地区以氏族中的血缘关系为组团式进行居住，在村落范围内形成放射状、小组团分散聚点以及散点等组合模式，也有因屯军特殊性以军队的支系散点组合成的村落。

早期先民为了安全考虑，选择聚族而居，为聚居型村落奠定了基础，但六盘水喀斯特地貌又是聚居型村落形成的主要条件。六盘水谷深而狭窄、山高而坡陡、山林植被杂多，谷地和河岸为形成集聚型村落奠定了自然条件。明代军队的涉入，在溪流冲击

① 陆林、凌善金、焦华富：《徽州村落》，安徽人民出版社，2005，第59页。

形成的岸边、交通要道旁进行安营扎寨，又因该区域土壤肥沃利于植物生长，为聚居型村落提供了物质条件基础。个别人从军队退役还村后，带来新的财富观念，使家族凝集力更加凸显，同时修筑了传统村落的构筑物。

③六盘水市传统村落的空间组织特征。

六盘水市传统村落的空间组织由村口、街巷、溪流、古老桥梁、传统民居、广场等要素组成。

村口是全村对外交通的主要隘口，由门楼、牌坊、古树、桥梁山石等要素组成。村口是村落周边自然环境到人工造景的过度，也是一个村的标志之一，是一个村的形象名片。（如图4.2所示）

图4.2　水塘村李家院子

图片来源：作者实地调研2018年拍摄

街巷是连接全村的公共空间和私人空间的交通纽带，是六盘水各传统村落的机理，路上整齐、平稳、幽静、光滑的石块记录着先民们生活的点点滴滴，是传统村落空间组成的重要特征。

溪流在村落中起着重要的作用。河流或者溪流从村前流过，或环绕村落，或贯穿村落中央，既为村落提供生产生活灌溉用水又改善了区域小气候，同时营造了优美的村落环境。

古老桥梁是山地村落的重要元素。六盘水位于长江、珠江水系上游，其水系的支流较多，这些古桥多建在村口或者村旁与江河、溪流对岸相联系，主要功能就是联系两岸的交通，同时美化村落的空间布局。

传统民居是构成六盘水传统村落特色文化的基本元素。六盘水传统村落的传统民居跟区域常住民族文化有关，各村落就地取材以石头、木料、泥土、茅草等为原材，加之各区域文化特征，修建出文化特征不一的建筑。如：高兴村主要是木结构房、土墙草顶房和石墙草顶房；天门村为多样式抬梁穿斗结构，墙体全为实木板，双坡悬山瓦屋顶，屋脊正中设瓦猫等。

六盘水传统村落中的广场是各村落的公共活动场所。是供村民休憩、取水、洗衣、晾衣、晒谷等生活活动的地方；村民祭祀或者各类节庆跳舞的坡地以及宗祠庙宇，小学的篮球场等都是村民聚居地方。

4.1.3 六盘水市传统村落的现状

（1）我国传统村落的存在现状

中国共有自然村 363 万个，到 2010 年只剩下 271 万个。平均每天消减 80 到 100 个村落。这些数据表明，当前中国的传统村落正在不断地消失成为不争的事实。而“城镇化”决策的提出，是以乡镇企业和小城镇为依托，实现农村人口由第一生产力向第二、第三生产力的转换，从而实现农村的城镇化的过程。20 世纪 90 年代以来，从农村经济的发展由兴盛逐渐走向衰落。原本通过“进厂不进城，离土不离乡”即就地解决就业问题的农村富余劳动力涌向城市的问题，在乡镇企业衰落后，村落里具有劳动力的青年男女进城务工，村落剩下年长妇女、儿童、老人留守村落，村落趋于空巢，造成大量的耕地、农田荒废。2005年提出的“社会主义新农村”理念，明确指出“生产发展、生活宽裕、乡风文明、村落整洁、管理民主”是新农村规划的总体纲要要求。在实施过程中缩小城乡差距，实现城市对农村、工业对农业的反哺，从而使农业得到可持续发展，促进农村社会的和谐。社会主义新农村规划建设包括“新房舍、新设施、新环境、新农民、新风尚”五个方面，改善农村的人居环境和发展乡村旅游为支柱的第三产业是新农村当前的显著特征。

贵州省近年来对农村生活环境的整体改善速度在加快。2015年提出了综合加速措施“四在农家·美丽乡村”建设的施行意见，2017年在此之上为统筹乡村空间及资源、设施和建设，指导镇、乡、村各级规划编制，深入落实整体改善农村人居环境“10+N”的计划，即绿化、净化、硬化、亮化、气化、文化、便民化、安全化、数据化、产业化，“N”为在确保农村基本生活条件和村落环境得以治理的前提下，着眼于基础设施的建设，公共服务的建设和各类产业的开发和优化。农民可以结合他们自己的实际进行各种产业开发，对产业结构进行创新。地方政府以大健康、大旅游、大生态、大扶贫、大数据为主题进行自主设计和组织“N”行动计划实施，强调地域的特性，建立地域品牌，让其向更为广阔的市场推行，实现百花齐放。2017年8月3日贵州省第十二届人民代表大会第二十九次会议审议通过《贵州省传统村落保护和发展条例》，与此同时全国正在积极开展村落的人

居环境的优化实施工作，六盘水市为脱贫攻坚战的主战场，也不例外。

（2）六盘水市传统村落的现状

六盘水市的传统村落主要分布在盘州市、六枝特区、水城县境内。该区域的传统村落距离各县市中心城区较远，都分布在各县市的偏远山区，正因远离市中心而较好地保留着传统村落特有的传统文化。而这些即将消失的传统村落文化是我国当前实施保护工作的重心。为更好地实施传统村落的保护工作，厘清传统村落分布情况至关重要。六盘水地区还有很多具有较高的历史、文化、艺术价值的村落，只是资料还未进行完善和待申请。2012—2016 年已经列入“中国传统村落名录”的 9 个传统村落，基本上保留了传统村落的原始脉络和传统形态。

表 4.1　2012—2016 年公布六盘水市入选“中国传统村落名录”

序号	村落名称	所属区域	年份
1	天门村	六盘水市水城县花戛乡	2014
2	妥乐村	六盘水市盘州市石桥镇	2014
3	高兴村	六盘水市六枝特区梭戛乡	2014
4	陆家寨村	六盘水市盘州市保基乡	2014
5	大中村	六盘水市盘州市养场乡	2014
6	鹅毛寨村	六盘水市盘州市保田镇	2016
7	乐民村	六盘水市盘州市石桥镇	2016
8	长湾村（长田组）	六盘水市六枝特区落别乡	2016
9	水塘村	六盘水市盘州市丹霞镇	2016

①天门村。

天门村属六盘水市水城县境内花戛乡的传统村落。水城县紧邻六盘水市中心城区，东与六枝特区及毕节市的纳雍县相邻，西交毕节市的威宁县和云南省的宣威市，南临盘州市和黔西南州的普安县，背靠毕节市赫章县。天门村距离六盘水市中心城区钟山区约 52 千米，北呼北盘江，西应南天门，东望格所河，南对吴王山，气候温适，宜于长居；雨量充沛，物种繁裕；山地特征明显，村内高差约 250 米，村域的最高点吴王山与最低点北盘江的海拔高差约 850 米。

图 4.3　天门村高差分析图

图片来源：作者根据下载的谷歌地形图绘制

A. 民俗概述。

天门村世居的民族主要以布依族为主。布依族祖先为古代僚人，从古至今，布依族享有“濮越、僚、蕃蛮、八蕃、仲家、侬家、布笼、笼人、土人、夷族等”这些称谓，因其先祖种植水稻甚早，族人以农业为主要生活来源。布依语是布依族的民族语言，来源于汉藏语系壮侗语族壮傣语支，由于汉语的普及，现在多数青年民众以汉语为主要语言；民族文字，“方块型、拼音型、符号型”这几类字型是布依族的古文字类别，由 1981 年和 1985 年两次对布依族文字进行修改订正后，布依族有了属于自己独有的文字；民族服饰及节庆，布依族的民族服饰主要有“青、蓝、白”三色，女子喜欢用织锦和蜡染对衣服进行装饰，上衣喜大襟短衣，下衣喜百褶长裙。男子除了衣服颜色以外与汉族服饰并无差异。而节庆则有“大年节、跳花会、二月二、三月三、四月八、六月六、吃新节、查白歌节”这些节日，其中查白歌节也为贵州兴义地区布依族的节庆，届时贵州、云南、广西三省的布依族民众都会来参加节庆，而“大年节、六月六”则为布依族最为隆重的节日，其中六月六则是由国家民族事务委员会批准的布依族人民同庆的节日。布依族传统的乐器有铜鼓、牛骨胡、唢呐、月琴、葫芦琴、竹琴、巴勒、洞箫、短箫等，其中铜鼓为其重大节日必须使用的乐器，而“八音坐唱”则是贵州地区最为出名的一种演唱形式。舞蹈则有“转场舞、铙钹舞、花裙舞、铜鼓舞、铜鼓刷把舞、织布舞、糠包舞、狮子舞、龙舞等”，这些舞蹈将布依族的文化、艺术深深融入每一个热爱生活的群众心中且亘古长留；宗教信仰主要为“摩教”。

B. 人口结构。

天门村总人口数为 1 180 余人，具有劳动能力者 460 余人；全村分为新寨、大寨、小寨、天门村、大牙场、牛滚塘、高苋槽七部分，总计 227 户人口；其中新寨有 50 户，大寨和小寨各有 45 户，总计 140 户，新寨、大寨、小寨均为布依族人口，占整个村落人口的 60% 以上。

②高兴村。

高兴村属六盘水市六枝特区境内的梭戛苗族彝族回族乡传统村落。该村东边和北边都与毕节市织金县交界，西与顺利村相连，南与乐群村相邻，距乡政府驻地 4.5 千米。是一个“长角苗”（也叫箐苗，苗族的一个支系）聚居的传统少数民族村寨，海拔在 1 400 ～ 2 200 米之间，聚族深居山顶或者山腰，虽然村寨保持着古朴的自然环境面貌，但水资源却是十分匮乏，仅有流量不大的山泉供人畜取用。高兴村起源于明代年间，为躲避战乱迁徙聚居而成，该村落群山环绕，山、田、寨交相辉映，非常符合苗家人“高住平种”“耕一居二”的原则。

A. 民俗概述。

高兴村世居的民族主要以长角苗为主。苗族同胞为躲避各类灾害而迁徙至该地区，此地苗族人民以农业为主，经济作物种植、家庭饲养业等为副业，其通过“赶场”实现商品交换，其主食为玉米，对肉类无禁忌。本区域的苗族语言是来源于整个苗族语系，此地长角苗有其自己支系的语言，由于当前汉语的普及，现在多数青少年能以汉语与外来游客进行交流，平时生产生活及中老年的苗民以苗语为主，多数老年人不会使用汉语进行交流。长角苗风俗习惯以丧葬、婚嫁、跳场等最有特色。婚嫁：由自由恋爱和父母意愿相结合，或通过“跳花坡”、节庆日和赶场天，以对歌形式谈情说爱，一般分恋爱、订亲、接亲。跳场表示吉祥、繁荣，财源不断，谈情说爱有专门的场地；传统节日以苗年和跳花坡等，有着鲜明苗家特色民族风格和浓厚乡土气息。丧葬实行土葬，全年共九个节日（春节、跳花坡、祭树节、祭山节、传统节、端阳节、祭祖节、重阳节和耗子粑节），其中最具特色的节日是跳花坡、祭树节、祭山节及耗子粑节。长角苗的精神信仰为崇拜自然，如：天地、山（神山）、树（神树）等。寨中信仰活动盛行至今，一般由鬼师和家师主持宗教仪式，多为驱除灾难和恶鬼。他们认为，神明也有善恶，善神可护佑生灵、创造和平、使人生活如意；恶鬼则带来战争灾难，破坏生活。以各类祭祀活动缓解苗民内心受到自然界各类灾害，如一年有两次的祭祖活动，分别为农历七月十二至十五的“七月半”和十一月的耗子粑节，多为护子平安；祭树在二月初的第一个龙日，祈求来年的风调雨顺，农作物可以五谷丰登；祭山在三月初的第一个龙日，活动非常热烈，活动结束后，要用草绳悬挂在竹子或树枝顶端，以示驱挡恶魔、瘟疫的功能；鬼师即是宗教执行者，一般每个村寨只有一位；家师即是宗教执行者，仅限于本家族内，主要职能是祭祖及掌握族内宗教规矩，起规范族内行为和道德规范作用，具有一定影响力和号召力。禁忌：比如，新生儿脖子要戴藤编护身圈，终身不能摘下；病人家门前要放上绑有草的撮箕、棍棒；鸡卦不合、同姓氏不近亲结婚等。礼仪：长角苗族在礼仪上有很多讲究，譬如尊老爱幼、重族规、尊家礼、辈分清楚等。另外，在出生、婚姻、死亡等重要事情上都要举行隆重的仪式，以祈求平安。长角苗乐器的旋律婉约低鸣，舞蹈和音乐简洁古朴，舞蹈与音乐的表现形式在不同程度上失传，受外来因素影响较为严重；音乐分为民歌、芦笙、箫琴和唢呐，各具不同但各有特点。民歌包括情歌和酒令歌；芦笙的曲调最为古老，包括舞曲和祭祀曲；箫琴包括三眼箫和口弦琴曲调；唢呐一般在丧事时演奏，但现在办喜事也演奏。

B. 人口结构。

高兴村全村总人口数为1 610余人，具有劳动力者480余人，由高兴、陇戛寨、小田坝、补空等自然寨组合而成，共403户，人口均为苗族。村寨实行双层管理制度，一种由寨老、寨主、鬼司等组成自然领袖，另一种由政府选举的村主任，村民组长。但一般以第一种为主，第二种为辅。寨老，年龄最长、辈分最高，是村寨精神领袖，掌控全局。寨主，精明能干，并负责排忧解难、协助寨老。鬼司，宗教领袖负责人神、人鬼之间的事务，在婚丧嫁娶中起至关重要的作用。另外，鬼司有看病、占卜等作用，他是全村中不可或缺的人物。实行一夫一妻制，过去也少见一夫多妻，家族观念极强，当前多用汉姓命名，其中杨、王、熊占多数。

③长湾村长田组。

长湾村长田组是六盘水市六枝特区落别乡的传统村落。落别乡是六盘水东大门，其东与安顺市镇宁县相连，南与安顺市关岭县毗邻，距黄果树大瀑布约12千米，西北与新窑乡、折溪乡、大用镇以及平寨镇接壤。长湾村在落别乡的西南侧，距落别乡政府3千米。长湾村地势平坦、开阔，地下水资源丰富，为黄果树瀑布的水源之一，交通便利，其中落纳公路从长湾村寨通过，在坝湾处分有支干道形成了一条丁字形的路网。长湾村辖区内共10个组，长田组为第七组，总面积约1 996.95亩。是一个布依族聚居的村寨，该村民风淳朴、各类资源丰富，布依族文化特征凸显。

A. 民俗概述。

长湾村长田组是一个典型的传统布依族村落，其中布依族

2 130余人，汉族600余人。布依族在这里世代生活，村寨保留了完整的布依族风俗，村寨中传统建筑是对民族文化历史的补充说明和展示。村中完整的布依族建筑，完美地展现布依族历史居住环境和生活习俗。长湾村的传统建筑大多依山而建，高低错落，呈阶梯状空间布局，一层单体建筑居多，部分建筑是两层建筑。因本地盛产石头，就地取材，建筑结构为“砌石结构”，堪称“石头王国”。建筑为三开间，中间为堂屋，两侧为卧室及厨房。有的屋架由木材建造，屋顶有的盖瓦，有的盖稻草或茅草；大多从地基到墙头均用石头砌成，石板盖顶。主要节日有三月三、六月六、尝新节等，其中六月六在布依族中最为隆重，其节庆内容与水城县花戛乡天门村的布依族大同小异。唢呐是布依族民族的主要乐器，长田组布依族村寨，自古就有唢呐乐队，每逢婚丧喜事或节日庆典都有唢呐声，情趣盎然。至今为止，布依族人民仍以活态的形式传承，但其需依托村寨而存在，主要为世世代代相传进行活态传承。长田组因传统经济薄弱，产业链单一，产品质量不高。主要以传统农业为主，玉米和烤烟为其主要的传统产业，以销往六枝为主。全村在2010年的主要产业销售收入约8万元，目前该村正发展核桃特色产业，筹备大力发展玉米、烤烟等相关产业。

B. 人口结构。

长湾村共有631户人家，总人口数为2 730余人，其中布依族2 130余人，汉族600余人，其中党员有50人。整个村寨的劳动力人数约1 280余人，外出务工的有810余人。

④鹅毛寨村。

鹅毛寨村坐落于盘州市保田镇的西部，离盘州市中心城区

74.6 千米，离保田镇镇政府所在地 5.7 千米，鹅毛寨村平均海拔 1 550 米。鹅毛寨村地势东低西高，地貌山高谷深。四面环山，田园风光怡人，该村创建于清朝，村内传统民居建筑、土墙巷道布局错落有致，村落形态、村落周边自然环境要素及村内非物质文化资源丰富。保留着传统民族特色的痕迹，民俗生活文化丰富，传统建筑风貌完整，是与盘南产业园区相互影响、相互依存的旅游型传统村落。

A. 民俗概述。

鹅毛寨村是一个容纳众多民族的古朴村寨，多民族共荣在这里得到较好体现。全村多民族混合居住生活，有汉、苗、白、回、布依、彝、穿青等多个民族，各民族文化特色与传统的农耕文化形成多元复合型的鹅毛寨村文化根基。民族文化有鹅毛寨观音寺（图 4.4），观音寺属民间信仰（宗教信仰），该寺庙距今有 100 余年的历史，该寺庙现有僧侣 8 人，该寺庙对当地村民起到祈求内心平静等作用，同时在村民的支持下并世代相传。近二十年来当地附近村民与寺庙形成界定式“观音会”的时间，在每年农历二月十九日、六月十九日及九月十九日，每次信仰活动需进行 3 天，在农历二、六、九月的十七日起经，十八日念经，十九日了经，此期间与寺庙主持进行念经、烧纸、吃斋饭等活动，祈求相应的神灵保佑自己和亲人消除灾难，并引导大众多做善事好事，不做坏事。民族文化节日主要包括彝族左脚舞、火把节，布依族的铜鼓舞、织布舞、糖包舞，苗族插花节及酒歌、山歌等活动。民俗信仰是寄托人们对美好生活的期望和对人生的关注，传播正能量的宗教信仰能指导和修正人们的社会物质生活与精神生活。美好的道德信仰可以净化社会不良风气，培养良好的社会环境，促进社会的稳定团结发展，营造和谐的社会环境。

图 4.4　盘州市保田镇鹅毛寨村观音寺

图片来源：作者实地调研　2018 年拍摄

B. 人口结构。

鹅毛寨村村域面积 14.5 平方千米，全村房屋占地面积 500 亩，全村共有 1 024 户，人口共 3 230 余人。全村人口由汉族、彝族、苗族、回族、白族、布依族、穿青人组成，其中少数民族共 63 户 150 余人，约占总人口 5.7%。

⑤陆家寨村。

陆家寨村位于保基乡的东面，与普安县的龙吟镇隔河相望，西面与该乡的垤腊村相邻，南与罐子窖镇毗邻，北与该乡的雨那洼村相连。海拔在 750 ～ 1 300 米之间，陆家寨村处峡谷沿岸，是格所河上游，水资源丰富，有大面积的梯田，50 余棵 600 年以上的大榕树以及万余亩的红枫林。

图 4.5　陆家寨村红枫林

图片来源：作者实地调研　2015 年拍摄

A. 民俗概述。

陆家寨村是以布依族聚居为主的村落。全村共有 8 个自然寨，以苗族、布依族为主的村落，据陆氏家族的族谱及村中老人口头叙述，该村最先到此地安家落户的是王姓家族，到明洪武年间陆姓氏族从江西迁徙到此定居，距今已有 600 多年的历史。因此村落有浓厚的布依文化，饮食、起居、服饰、建筑、布依族传统节日、民族信仰等奠定了该村的文化基础。该村最具影响力的是非物质文化遗产中的“八音坐唱”，以及大片的为该村人民生活伴侣的古榕树群。

图 4.6　作者向陆家寨村八音坐唱传承人请教乐器

图片来源：作者实地调研　2015 年拍摄

B. 人口结构。

陆家寨村村域面积 15.85 平方千米，耕地面积 1 768 亩，全村共有 435 户，人口共 1 760 余人。全村由陆、王、罗、白、岑、潘六个姓氏组成，其中陆姓家族现有 110 户，330 余人，而这 110 户陆姓家族均为布依族同胞，约占全村总人口的 19%。

⑥大中村。

大中村属盘州市羊场乡管辖，位于该乡东南部，东北方向与纳木村相接，南抵红花湾村，西临高光村，北靠瞿家寨村。大中村的地形以高原山地为主体，地势险要，自然环境复杂，山地约占全村土地面积的 70% 以上。全村辖中屯、墙院、白块大屯、殷家屯、马家屯、白家场地 6 个村民小组。白块大屯处在由南北两侧高山合围中部开阔的河谷盆地，东西两侧的山体向白块河靠拢形成狭窄的道路，东面有滴水岩瀑布。大中村始建于明洪武年间调北征南时期。这里是典型的“屯堡文化”。据当地老人说本村的始祖是一名叫邓荣宗的军人，邓荣宗是元末明初湖广保庆府人，出身于武行，具有丰富的战斗经验，该村的防御攻势构筑物等便是屯堡文化典型代表之一。

A. 民俗概述。

大中村主要村民为汉族，其语言为盘州地区方言沿用至今。全村因屯军文化兴起，村内民俗以屯堡文化为主。大中村的民族文化及民族活动主要有传说、歌舞、吹木叶、羊皮鼓舞、乐曲、古籍以及农历正月举行的祈福活动“化船”又称为“端公”等民俗活动。对于当地的故事传说、歌舞和传统乐器的吹奏都是依靠口口相传的教授模式流传，所幸到至今都保护较好。

B. 人口结构。

大中村村域面积约 10.92 平方千米，耕地面积 3 620 亩，全村共有 976 户，人口共 3 680 余人，农业人口 3 380 余人，非农业人口 200 余人。全村由马家屯、白家场地、墙院、白块大屯、中屯六个小组构成。有苗族、白族、汉族，汉族人口约占 90%，村中由邓、陈、黄、白、张五个姓氏组成。主要从事传统农作物的种植，小量的牛羊养殖。村落中传统农业以及外出务工仍是全村收入的主要来源。

⑦乐民村。

乐民村位于盘州市乐民镇西北角上，东接乐民镇大瓦厂，南抵乐民镇和黄家营村，西临云台山，北靠关把山村，地势西高东低，自然资源丰富，气候舒适，雨量充沛，物种丰富，主要有 212 县道穿过村域，村寨拥有古银杏及古屯堡形成的千户所遗址。

A. 民俗概述。

乐民村民族组成主要以汉族为主，还有部分回族，其语言以盘州市地方语言为主。该村的兴起于大中村相似，皆因屯军文化兴起，村内民俗文化均以屯堡文化为主。乐民村的民俗文化活动主要有节庆及曲艺文化，曲艺文化主要有胡琴、月琴等表演民间传统小调。还有山歌、民歌、傩戏、传说等民俗文化活动。而这些村落中的传说、山歌、民歌、傩戏、曲艺等流传至今，依靠的是村民口传身授的模式流传保护至今。

B. 人口结构。

乐民村拥有人 5 个自然村以及 16 个村民组，总人口数为 2 510 余人，715 户，非农业户口的有 40 户，其余都为农业户口，总计 2 420 余人，长居人口数为 2 290 余人，具有劳动能力者 1 240 余人，有 410 余人为贫困户人口。主要从事农业、林业、畜牧业和建筑业，农业为乐民村的主要经济收入，其中建筑业为少数村民所从事，总体收入较低。

⑧水塘村。

水塘村主要形成的因素为明代的屯军形式，水塘村北靠李角岩，南抵杨旗屯村的松山头，东与水塘镇相交，西连郭官。水塘村坐落于水塘镇镇政府办公地北部 1.2 千米处，全村总面积 5.4 平方千米，辖区内有上学庄、下学庄、上伍屯、中伍屯、下伍屯、老虎地和山民桥共 7 个自然村 14 个村民组。村落依水塘大山而建，村中房屋以西南佛教名山丹霞山为中轴线，村落四周古树成林，竹林环绕，云雾密布，环境怡人，保留着浓郁的传统特色，具有相应保护价值。

A. 民俗概述。

辖区内主要以汉族居民为主。水塘村居民主要信仰佛教，其中以丹霞山护国寺为代表，现今香火鼎盛，每年三月赶丹山，滇、桂、川、黔及东南亚各国均有香客来此朝拜，已经成为我省佛教界重要的一处佛事活动中心，也成为盘州市一枝独秀的旅游胜地。

B. 人口结构。

水塘村内居民主要以汪、李、朱、陈四姓汉族为主，全村常住人口有 1 500 余人，共 500 户。辖区内粮食种植以水稻、玉米为主，经济来源主要依靠农、林、牧，其中部分居民主要经济来源为做打铁匠，养殖主要有牛、猪和本地土鸡等，因受地理条件限制，村庄处于自产自销型经济状态。

⑨妥乐村。

妥乐村地处于盘州市石桥镇内镇域的西北部，离县城 28 千米，距石桥镇仅 1 千米。南接南冲村，东临鱼塘村和东冲村，西与鲁番紧临，北与西冲接壤。妥乐横亘于茶马古道途中滇黔锁钥的门户位置，妥乐村地理位置的优势非常突出，其位于典型的喀斯特地区。在地形上起伏相对较大，溶岩分布很密，其水资源的主要来源是山间溪流形成的妥河。村里的地形为山谷，其村落建筑顺应当地西高东低的地势呈由西向东的朝向，村子的西北侧有古坟群，古罗汉松林遍布其左右。“妥河”从村落的东部自北朝南的穿过，妥乐村因其村域有 1 500 多棵古银杏，同时有 100 多棵银杏树都是 1 000 年以前遗留下来的，故又名“生长在树根上的村庄”。

A. 民俗概述

妥乐村的村民以汉族为主，还有部分彝族、苗族、布依族。

村内民俗以屯堡文化为主，妥乐村的民俗文化主要包括：传说、歌舞及乐曲、传统祭祖，祭树，祭山神等祭祀活动。妥乐的村名取其安妥快乐之意，“妥乐”由彝语音译而来。村中的老人谈历史不离银杏树，该村具有古树文化和屯堡文化底蕴。

B. 人口结构。

妥乐村最初建于明代，至今大约 600 余年的发展历程。该村全域面积约 15 平方千米，总人口数量 4 080 多人。该村是因傅友德在盘县境内驻军，把军队转化成农民，便开始在妥乐村繁衍子孙并世代相传至今。村民祖先大多源于南京，自称是傅有德的军队（也就是明朝洪武年间调北征南的士兵）的后裔。而银杏树的传统种植由来已久，南京士兵最初种植银杏树，象征乡愁。妥乐经济状况以农业为主，主要靠银杏经果林特色产业，但是经济收入有限，主要粮食是玉米、水稻、马铃薯、大豆等，能带来经济效益的产物有花生、麻类、芝麻、油菜和其他的能作为油料的作物，果树有梨树、桃树和其他果树。

4.2 六盘水市传统村落发展的机遇与挑战

4.2.1 发展的机遇

2018 年中央一号文件系统地为地方乡战略做了顶层设计，清晰地描绘出乡村振兴战略的蓝图，指导乡村战略的施行，为新时代乡村振兴奠定了重要的基础。文件指出，2020 年，乡村振兴要取得重要进展，制度框架和政策体系基本形成；2035 年，乡村振兴取得决定性进展，农业农村现代化基本实现；2050 年，乡村全面振兴，农业强、农村美、农民富全面实现。[①] 六盘水市传统村落发展滞后，在国家脱贫攻坚战役下不断发展。在国家宏观调控下，在脱贫攻坚、“四在农家·美丽乡村”、乡村振兴等新时代的工作开展中，六盘水市传统村落面临千载难逢的发展机遇。在此发展过程中将坚守发展、生态两条底线，打造山地特色新型城镇及山地特色现代农业；在消除贫困、抓好创业创新、循环经济、农村改革、山地旅游，实施扶贫、健康、大数据、大生态等建设工作上，促进区域经济循环有序增长。

4.2.2 挑战

由于我国对传统村落大范围实施保护工作较晚，六盘水市传统村落经济发展滞后，传统村落成为劳动力的输出地，对传统村落自身文化的不了解、不自信，对自身传统文化的保护意识淡薄，导致传统村落的保护与开发利用活力不够，在发展过程中也面临着模式化、同质化等现象。

六盘水市过去以单一的矿产能源重工业发展模式为主，造成全市范围内生态环境在一定程度上受到破坏；而投入到村落环境修复的资金薄弱。

六盘水市传统村落零星分散在全市，地处乌蒙山区喀斯特地貌的各村落，因山高、谷深、地质结构复杂等原因，将其开发成具有山地特色旅游的传统村落，在基础硬件设施方面面临极大的挑战。

4.2.3 六盘水市的发展定位

六盘水市地处贵州省西部与云南交界，是 2013—2030 年全

① 2008 年中央一号文件，中共中央、国务院关于实施乡村振兴战略的意见。

省城镇体系规划中黔中经济区至攀西经济区的中心区域。在总体规划中，以加速转换、加速发展、超越发展为主题，推进实现初步的现代化，将六盘水打造为经济富足、文化浓郁、和谐发展、地域格局良好的国际宜居、旅游、度假城市。

六盘水市中心城区的政治地位突出，注重建设六枝特区、水城县和盘州市各区域节点乡镇建设，加快各乡村节点建设，强化各层建设无阻碍，大力支持乡村建设，构建市、县、镇（乡）、村联合发展格局，促进城市、乡镇、村庄协调发展，增强市、县、镇（乡）、村相互辐射作用，促进地方经济社会循环有序增长和乡村建设快速发展。

在市、县、镇（乡）、村发展规划中，注重各级建设科学有序发展。在城市发展的轴线区域，科学地进行选择发展主要交通，带动轴线辐射的乡村。坚持科学合理规划，考虑山地实际特殊情况，合理布局，因地制宜注重实效，高度重视基础设施配备，要求基础设施齐全合理、规模适当、标准适度、适当预留，满足和提高小城镇、乡村生活质量和水平，让农民的口袋鼓起来、富起来，乡村产业发展起来，增强乡村的综合功能，带动乡村区域整体协调发展，实现山地新型城镇化建设，实现山地乡村振兴，实现“四在农家·美丽乡村”让人们记得住乡愁。

（1）国家顶层定位

六盘水市是我国战略能源基地和国家循环经济示范区。六盘水以保护生态、持续发展两条底线为前提，合理利用区域现有资源，充分发挥地区资源优势，科学有序地发展现有资源。因地制宜的在乡镇合理推进煤电磷、煤电铝等新型科技含量高的产业，形成现代化、总体综合化发展。同时扩展产业链，让产业辐射面更为广阔，加快资源配置和先进加工水平的转变，促进产业高端化、多元化发展，建设特色鲜明，快速转型传统产业和形成现代工业体系，建设重要矿产资源和能源加工基地。

注重六盘水市资源的保护，以强化生态文明的理念用来领导地域社会经济的发展。致力于循环经济的发展，遵循合理、适度、有限和高效利用资源的原则。积极实施科技指导、产业结构调整、重点减排、优化产业增量等措施；积极推进资源再生利用、资源再生产业，积极推进绿色消费市场化；减少人为活动对自然生态环境的干扰与破坏；积极推进自然生态环境受损的修复力度和速度；积极发展现代化生态农业及现代化农业加工，建立全市资源市场体系，构建覆盖全市范围的资源循环利用体系，加快区域社会经济快速发展，依托产业、企业、工业园区等载体，构建循环经济发展产业链。

充分合理利用区域资源，建设国际标准的旅游休闲度假基地。在能源资源进一步保护过程中，充分利用六盘水独特的气候资源、喀斯特地貌、传统村落文化等资源优势，大力发展传统村落喀斯特地貌自然生态旅游业，探索山地特色文化与第一、第二、第三产业融合发展的新出路，在基础设施及公共服务设施、旅游服务设施建设中以国际标准进行配置与实施，将六盘水市建设成为世界知名、国内一流的旅游休闲度假基地。

（2）西部区域环境定位

六盘水市地处我国西部地区两大水系（长江、珠江）的上游，是其生态保护的示范区，肩负着对其保护的职责。同时肩负对石漠化进行全方位的整改治理，探索岩溶丹霞地貌地区的石漠化治理和扶贫开发相结合的措施，全力恢复林、草、农植被的覆盖率，加强喀斯特地貌地区水土流失的综合治理，提高森林区域覆盖率，寻求一条恢复石漠化区域生态系统的可持续发展道路。

六盘水市地处川滇黔桂四省结合部，承载四省相互连接功能。六盘水市具有较大的发展潜力，在辐射周边城市区域经济圈，与成都、重庆、黔中、滇中、北部湾等区域形成经济辐射中心，加强六盘水的经济发展，促进交通迅速发展，努力建设成区域经济建设、文化交流中心。

构建全市完善的教育公共服务体系，大力支持城镇化、乡村技术人才的培养，全面完善职业教育产业发展的模式，增强本土文化自我的学习，增强文化自信和人才培养能力以及科技创新能力和社会服务能力。

提升文化自信，发扬本土文化。深入挖掘六盘水市本土文化资源，譬如：历史文化、红色文化、“三线”文化、民族文化、传统文化、屯堡文化等文化资源。加快各类基础设施建设，注重各类文化遗产的保护、开发和利用、传承，积极地开发丰富文化产业，培育和壮大六盘水市各类文化产业，不断地提升全市文化软实力，加快推进大数据在六盘水市开发利用，以大数据共享各类信息，将六盘水打造为地域文化特色鲜明、活跃、繁荣、发达的文化产业区，形成全国的新型文化名片。

（3）六盘水市在贵州省规划中的定位

贵州地处我国西南的云贵高原，积极合理利用固有资源，转变经济发展方式，促进产业转型和优化，促进高新技术产业发展。大力发展装备制造业、大数据和信息技术、节能环保新能源和新材料、生物制药、现代物流中转站等新型产业，在现代金融商贸和山地特色旅游等服务业中，促进山地休闲度假、消夏文化以及亚高原体育运动等系列服务产业，努力发展和提升综合实力，大力开拓消费市场，使消费市场促进区域经济的增长。

六盘水市作为贵州省统筹发展城市综合体配套改革的试验点，依托中心城市、县城、乡镇及农村“四位一体”综合建设。根据科学规划，考虑人口资源环境的承载力与各级基础发展的自然环境生态条件，科学划分功能分区，有效促进资源整合和资源集聚，科学优化生产力的布局，推进土地的高效合理利用，形成集约型和产业集约型发展。在乡村振兴、美丽乡村、“三变”改革中，大力推进现代化特色农业发展，与扶贫、生态移民和危房改造等工程相结合，加强村庄治理，保护性开发传统村落，建设美丽农村。

贵州省是国家扶贫攻坚、民族团结进步繁荣发展的示范区。通过民生促进发展，完善各级医疗、就业等服务涵盖率，充实居民社会保障体系的建设。积极发展生态扶贫、产业扶贫、易地搬迁扶贫、教育扶贫等。推进综合扶贫开发工作，促进资源整合、产业优化、民族文化革新的传承，发展平等、团结、共存的民族关系，促进各民族的和谐交流和团结进步，实现民族团结、和谐繁荣的发展模式。六盘水全市居住着44个少数民族，是贵州脱贫攻坚主要战场，六盘水必须充分合理利用好自身特有资源，将山地特有文化特色资源，转化为国际标准旅游度假、亚高原康体养老、避暑胜地、绿色生态为一体的城市。

4.3 六盘水市传统村落旅游资源

六盘水市传统村落在人类社会发展进程中，留下了众多的文化历史资源。勤劳而不畏艰险的各族人民在这片土地上艰辛耕

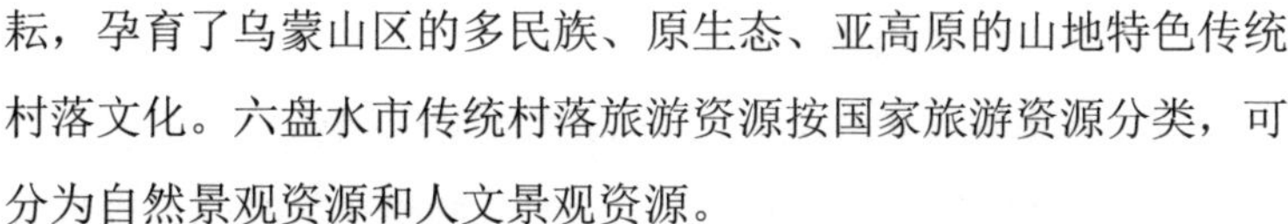

耘，孕育了乌蒙山区的多民族、原生态、亚高原的山地特色传统村落文化。六盘水市传统村落旅游资源按国家旅游资源分类，可分为自然景观资源和人文景观资源。

4.3.1 自然景观资源

（1）气候资源

六盘水市地处我国西南部的贵州西部的乌蒙山区，其传统村落分布在市域深山的各个角落，这里因地形地貌特殊原因，拥有得天独厚的气候资源。六盘水市夏季有天气凉爽、热度适中、空气清新滋润、紫外线辐射适中等气候特点。市域范围内其大部分地区气候是北亚热带高原山地季风湿润气候，且气候温度变化波动较小，年平均气温为15℃，冬天最冷平均气温在3～6.3℃，夏天的平均气温在19～22℃。全年无霜期达200余天，宜居的气候资源状态显著，是最受欢迎的旅游度假之地，经过中国气象学会认证，六盘水市被授予“中国凉都”称号，是全国唯一一个以气候特征命名的城市。

（2）高原山地有氧运动基地

六盘水市境内山脉和水系构造复杂，喀斯特地貌特征突出，地貌组合彰显出地形地貌的复杂性。六盘水境内的9个传统村落大致分布在海拔586～2 900.76米，境内海拔最高处为韭菜坪2 900.6米，最低点是六枝特区毛口乡的北盘江河谷，境内其他地区海拔多分布在1 400～1 900米。因地势具备发展亚高原运动产业，六盘水市水城县玉舍镇野鸡坪和六枝特区的毛口乡率先发展亚高原运动产业。如：毛口乡具备独特的地貌特征开设了世界滑翔赛基地，玉舍镇野鸡坪成为山地有氧运动基地，2017年在妥乐召开“中国－东盟国际产能合作妥乐论坛”。

（3）垂直自然山体景观

六盘水市地理位置处于云贵高原的乌蒙山区，因地壳运动，南盘江与北盘江将整个地形进行分割，形成独特的山地垂直景观。在境内海拔高差较大，垂直分布明显，在南盘江与北盘江沿岸形成台地与峡谷垂直割裂，传统村落坐落于群山环抱之中，村落周围山体起伏较大，自然山体体量巨大，峰峦叠嶂，河谷深邃，山高水绕，垂直景观资源异常丰富。如：六盘水市水城县的野钟大峡谷，该区域还有黑叶猴保护区；六枝特区毛口乡至水城县花戛乡天门村沿江的垂直裂缝景观；居住在云端上的六枝特区梭戛乡高兴村的自然景观。

图 4.7　六枝梭戛乡高兴村信息资料中心一角

图片来源：作者实地调研　2015 年拍摄

（4）水生、动植物资源

六盘水市地处长江水系及珠江水系上游，具有丰富的水生、动植物资源。境内有南盘江、北盘江、三岔河及大小不一的溪流，全市境内，年河川径流量约 70.42 亿立方米，河内生物众多，鱼类有 35 个品种，分别分属于 4 目 8 科，本区域固有鱼种 21 个，分属于 4 目 7 科；两栖动物共 18 种，有尾和无尾两类分属 2 目 7 科，其中大鲵是国家三级保护动物，贵州疣螈及蓝尾蝾螈是我国稀有品种；各种野生鸟类和常见鸟类 50 余种；国家一级珍稀保护动物百冠长尾雉，白鹤以及白腹锦鸡等国家一、二级保护动物。喀斯特地貌及北亚热带高原山地季风湿润气候孕育了丰富的动植物，目前已经发现有种子植物 162 科 614 属 1 700 余种。植物种类按药用、蔬果、牧草和其他四类。药用植物类约 700 余种，牧草植物类 514 种，野生的蔬果有猕猴桃、野生山楂、葡萄、野生刺梨、杨梅及枇杷等。其他的野生植物较多，如：蕨类、花椒、毛栗以及棕榈等，乔木树种和竹子类就有 200 余种，分散在各个传统村落及周边环境中。按当前作为乡村振兴及传统村落发展的经济类作物有传统经济作物：刺梨、天麻、茶叶、板栗、红米、苦荞、核桃、高原玉米以及高原马铃薯等；现代特色农业经济作物有红心猕猴桃、杨梅、樱桃、火龙果、草莓等。动物品种繁多，目前已经形成一定规模的资源有六盘水市水城县黑山羊、莆田肉牛、盘州火腿、盘羊、北盘江野生鱼以及黑叶猴等。

（5）村落周边的矿产资源

六盘水市境内的能源资源分散较广，且能源丰厚，有煤炭、煤层气、水能、风能等资源，最富足的是煤炭资源。六盘水市境内煤炭远景储存量 844 亿吨，目前已经探明储量 221.37 亿吨，保有储存量 168.2 亿吨。市域目前为止探明的煤层气统计有（200 ～ 1 500 米深）储量约 11 548.8 亿立方米，其他探明的矿产资源还有铁矿、铅矿等 30 多种。

4.3.2 人文景观资源

（1）历史文化资源

六盘水市境内历史文化资源丰富。考古学家在盘县（盘州市）大洞发现20万年前的早期智人的牙齿化石，随着考古专家的深入研究，从研究成果表明该地区20万年前的人们是从直立人向早期智人发展进化过度的特征，考古学术界对盘县大洞的发现称之为“大洞人”。在六盘水市境内的水城县硝灰洞内发现距今8万年前的人类牙齿化石，经过考古学家的深入研究，成果显示具有早期智人的特征，考古界称之为“水城人”。在六盘水市的六枝特区的桃花洞也出土距今1万年前的人类骨骼化石，经考古学家的研究并认定同样具有早期智人的特征，被称为“桃花洞人”；据史料记载六盘水境内在春秋时期属牂牁国辖，至战国时期是夜郎国的辖区，当时夜郎国是中国西南少数民族中一个比较强大的国家。在漫长的历史发展中这片土地上留下神秘的夜郎古都文化。

（2）红色文化资源

六盘水市境内也是革命的老区。据资料记载从清朝末年到民国时期，六盘水市境内的郎岱、盘县、水城三县的各族人民和全国人民有着共同的命运。在这区域，各种反帝反封建的革命活动和武装斗争也在积极开展。在1935—1936年的第五次反围剿长征时期，经过六盘水的军团有红一、三、五军团，中央纵队，红二、六军团。当时红二、六军团于盘县旧城（盘县九楼）举行了“盘县会议”。在彭德怀、杨尚昆等领导下，中国共产党领导的中国工农红军一方面军第三军团于1935年4月23日从贵州省普安县旧营过楼下河抵达盘县的三官营、祭山树、普田、上保田鹅毛寨这些地点，在六盘水市境内留下中国红军宝贵的长征文化。

图 4.8 盘州市保田镇鹅毛寨红军遗址

图片来源：作者实地调研 2018 年拍摄

(3)“三线建设”资源

“三线建设”是党中央于 20 世纪 60 年代做出的战略决策，六盘水市也是在此决策中应运而生的。在贵州西部具有煤炭资源的区域组建能源基地，1978 年将煤炭资源丰富的安顺市六枝、兴义市的盘县以及毕节的水城县建设成六盘水市。在三线建设实践生产活动中，一线的工人与当地农民面对艰苦的环境，需要战胜艰苦的条件和艰难的环境形成了“艰苦奋斗、无私奉献、大力协同、自力更生”的三线精神，该精神在六盘水全市范围内产生久远的影响，对全国也具有深刻而深远的影响。当前六盘水全市脱贫攻坚战凭着艰苦奋斗、无私奉献的“三线精神”的激励，不断地开拓新思路、解放思想、转变创新，在脱贫攻坚战中取得区域社会经济效益有效循环发展。

（4）传统民居建筑

六盘水市传统村落的民居特色鲜明。传统村落中的传统民居受各地民族文化的影响，村落居住的民族不同其建筑风貌也不相同。居住建筑与公用建筑也各具特色，建筑材料多为就地取材，有木制建筑、石砌建筑、夯土建筑、木架结构石砌等混合建筑。如：天门村布依族的传统建筑，多为四开间三层楼房。

图 4.9　水城县花戛乡天门村三层传统建筑

图片来源：作者实地调研　2016 年拍摄

（5）民间文学

六盘水市境内民间文学有传统村落中的民间传说、寺庙经书、民族歌曲、族谱、诗歌、口传史诗——布依族盘歌、苗族古

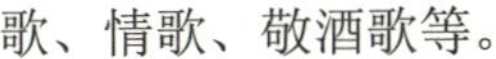
歌、情歌、敬酒歌等。

（6）民俗

六盘水市传统村落的民间民俗非常丰富。民族节日活动有春节、跳花坡、祭树节、插花节、祭山节、跳场、端阳节、祭祖节、重阳节、耗子粑节、彝族火把节、彝族毕摩祭祀文化、苗族采花节、寺庙会等。

（7）民间音乐

六盘水市境内民族众多，传统村落中民间音乐主要有：铜鼓舞、织布舞、羊皮鼓舞、唢呐、直箫乐、曲艺、木叶、三眼箫、箫琴、敬酒歌、山歌、酒令、八音坐唱等。

（8）民间技艺

六盘水市境内传统村落中民间技艺有：刺绣、挑花、织布、纺纱、蜡染以及竹编背篓、碗篼、自制芦笙、三眼箫等，还有八音坐唱、酿酒技艺、面条制作技艺、血豆腐制作技艺、鲊面粑手工制作技艺、棉糖手工制作技艺，木工的镂空绣技艺、铜饰锻造等。

4.4 六盘水市传统村落旅游资源文化特征

4.4.1 农耕文化

农耕文化是中华民族文明的根基。我国是一个农业大国，当前农村人口比重占全国人口近一半，农耕文化仍然占据首要地位。在当前美丽乡村建设中，依然不能把原有的乡村文化体系丢掉，应该在继续传承的基础上科学合理地吸纳发展新时代文化。在任何发展中只有留住了“根”，才能后续有力并使其更加多元、丰富、灿烂、长久。

传统村落是我国农耕文明的重要载体，不仅是宝贵的文化遗产，更寄托着中华儿女的魅力乡愁，保护传统村落就是保护农耕文明。六盘水地区的传统村落旅游资源是从 20 万年前早期智人至今，历代人民在漫长的农业生产生活中形成的一种风俗习惯。据史料记载春秋及战国时期到秦统一，中华民族的农村生产力从原始生产方式发生变化，农业的种植进入了一个新的发展阶段，这一时期铁制农具及以牛马为动力进行耕种成为主要标志。当前我国村落传统农业生产使用的各类工具，多数源于这一时期的发明。

六盘水市境内的传统村落在“三变”创新改革的推动下，合理利用传统村落的土地资源，种植经济农作物辣椒、樱桃、猕猴桃等，并结合政府主导对传统村落进行保护实施企业化管理，发展农业观光体验园、农业田园农耕劳作体验等休闲农业养生旅游产业。

4.4.2 民族文化

六盘水市境内共有 44 个少数民族，是一个多民族聚居的地区。据六盘水市人民政府网 2016 年统计数据，少数民族人口大约 90 万人，约占全市总人口的 30%。境内传统村落中少数民族占绝大部分，几乎每一个传统村落内有居住着少数民族。传统村落中少数民族最为集中的民族有苗族、布依族，且民俗文化保留至今较为完整。以苗族文化为代表的传统村落是六枝特区梭戛乡的高兴村；以布依族为代表的传统村落有水城县花嘎乡的天门村、六枝特区落别乡的长湾村长田组，盘州市的陆家寨村。以苗族、布依族为代表的民族文化有以下两方面体现。

（1）物质文化

在传统村落中的各类构筑物属民族文化物质资源，如高兴村长角苗的传统居住建筑，多为单层平房、有木结构草顶房、土墙草顶房、石墙草顶房三种房子，通常是三开间，少数是两开间。还有专门用于村民丧葬和谈情说爱的建筑物——戛房和妹妹棚，体现着死亡和再生在这支苗族社会中有着崇高和神秘的地位。

木结构草屋是一个有相对较长历史和相对常见的建筑形式。长角苗居住地的 12 个村庄都保留了这类建筑。房子是木柱、木梁穿斗式结构，四周墙体是木板构成，经常用竹条编织走马板，有吞口设置于房屋正中，大多数房子都有庭院。有独特的茅草顶、屋脊茅草加厚堆。

土墙草屋也是主要建筑形式，在陇戛寨、小新寨中这类建筑相对集中并突出。它的结构是房屋周围的墙壁被黄壤填满。房子中间没有吞口，通常是三开间或两开间，门通常是用木板和竹子或藤编织而成的。墙都用竹藤织成，然后抹泥，屋顶用草覆盖着。

石墙草房在高兴村的陇戛寨中比较集中。这类建筑物的墙体都是用石头砌成的。顶用草盖，用石条做挑檐枋，做工相对精致，体现着祖先的营造技艺。

图 4.10　六枝梭戛乡高兴村木结构草房

图片来源：作者实地调研　2015 年拍摄

图 4.11　六枝梭戛乡高兴村石墙草房和土墙草房遗址

图片来源：作者实地调研　2015 年拍摄

灵房便是当地的戛房，这是一个临时建筑，在“打戛”期间用于停放棺材。戛房通常有两种形式，以死者的家庭地位来区别搭建。一般结构简单，三根柱子着地，用稻草、麦秆、树叶、竹藤等制成骨架，顶呈攒兴状，一些还制造圆弧门。在建戛房时，无论地形如何，戛房的朝向和方位都很考究，棺材必须放置在戛房中且首朝东尾朝西。

姐妹棚是供年轻的男女，在夜晚享受月光和爱情的建筑物。它是一种简单的三柱结构建筑，该建筑的门则是两木杆插入地下形成三角形的形状，另一根木棒比较长，一端两木棒交叉，一端插入地下，周围用竹子，树枝绑扎，覆盖稻草，树叶等，门上有草编窗帘，建在远离寨子的地方，现今已经消失。

屯堡在陇戛旧寨西侧，是一座被茂密树林覆盖的山头，山顶上有一座荒废的古屯堡，占地约 1 000 平方米，全由当地开采的石头围成屯墙，屯堡内建有石头的居住建筑，在屯堡的北侧开有城门洞，有青石步道盘山而下，与陇戛寨相连接。该屯堡是陇戛寨的村民为躲避战争、匪患侵袭而在制高点上建设的临时避难所，是长角苗民族发展历程中重要的建筑遗存和见证，具有珍贵的历史研究价值和旅游开发价值。

长湾村传统建筑多为单体一层建筑，少数为二层。民居建筑依山而建，三五成群建筑在一个平面上，依据地势的高低形成阶梯状空间形式。建筑主要为“砌石结构”，为双坡歇山青瓦顶建筑，这类建筑大部分在四角转角处用整块石头砌筑，今称作“转角墙”，这样的结构形式主要目的是为平衡整栋建筑的稳定性。房屋用木材建造，屋顶盖瓦，有的盖茅草或稻草。由于本地产石头，住房从基础到墙头都用石头垒砌，墙垒 5 ～ 6 米高，以石板盖顶，风雨不透。除檩条、椽子是木料外，其余全是石料，甚至家用的桌、凳、灶、钵都是石头凿的。一切都朴实无华，固若金汤。这种房屋冬暖夏凉，防潮防火，只是采光较差。全村中较多的构筑物都有一共同的特点，如多数建筑物的外墙体、山头上的古堡、道路等都是由石头元素组合而成，形成独特的石头建筑群。六盘水境内的传统村落中，遗留的物质文化遗产较多且各有地域性独特特征。

图 4.12　长湾村传统建筑

图片来源：作者实地调研　2016 年拍摄

（2）非物质文化

在六盘水市传统村落中遗存的非物质文化有苗族传统节日，如陇戛寨有苗年、苗族踩鼓节等保持着鲜明的民族风格和特色、乡土气息浓郁的传统节庆。苗族每年都有许多节日，盛大而特殊的节日，通常安排在闲暇时间，还以各种节日祭祀山神、树和祖先，祈求风调雨顺利于农作物的生长和来年丰收等。

每年春节，从正月初四至十四男青年都得走村串寨与女青年唱歌互动。男青年每走到女青年家门口，通过互相唱歌比赛，若男方赢了，女方才开门让其进家。小伙子进家后，先给老人磕头，女方的老人向小伙子说上几句寄语，便设宴共饮，之后继续对歌，经 2 ～ 3 天唱歌互动，双方产生感情，男青年便在女青年家住 5～6 天。节日期间，男女青年在附近的山坡上吹奏芦笙，唱歌玩乐。如果男青年唱歌没胜过女青年，可到其他寨子去寻求新对象。正月初十这天为盛大的跳花坡，周边苗族人欢聚在距高兴村陇戛寨的传统花坡场，在花圃的中央“栽种”了一棵花树，村落中和邻村的适龄男女便环绕着花树吹芦笙、跳舞，并在山坡上男女分组相互唱歌，以及谈情说爱。这是一年中此地区苗族最隆重的节日。在跳花坡期间，男女青年通过相互歌唱（苗族称为飞歌），如果男女双方产生了好感，男青年便要购买吃的或送礼物给女青年以表达情意。在苗族地区最常见和最受欢迎的集体舞是“踩堂”，在节日庆祝的时候，芦笙队由英俊的男子组成，每个人都边吹边晃动着身体，音乐清脆高昂，在“芒筒”和铜鼓的配合之下，乐曲更加浑厚激昂，完美和谐。芦笙响起后，一支没有浓妆的女子队伍，在霓虹色的绣花衣服下，穿戴着几公斤以上闪闪发光的银帽、银发夹、银项圈、挂牌、银质手镯和其他装饰在头和身上，叮叮作响，像仙女一样温婉深情地走来。

苗族服饰由于地域历史文化、环境等因素，蕴含着许多古老的文化习俗和迁徙信息。据记载，苗族先人有“髻首（椎发）”的习俗，也就是说，他们头上的头发和髻混在一起。并喜欢色彩丰富的衣服，喜色彩斑斓的褶裥裙，到目前为止，苗族，特别是妇女，保留了这个传统习俗。近几十年来，受各民族的影响，男式头饰和服装发生了很大变化，他们也不常穿戴长角和传统服饰。

传统技术，长角苗族有丰富多彩的民族技艺。其中，最具特色的有十字绣、刺绣、蜡染、铜饰、羊毛制品等传统工艺。挑花，更多的以白布为底，处理时，先用线勾画轮廓，然后按图案和麻布的经纬顺序，有序地挑线，图案大多是几何图形，挑花材料为色泽鲜亮的丝线。当地刺绣更多为平绣，刺绣图案多样，有几何、花草图案，手法独特。蜡染，有悠久的历史，蜡染制作是将白布平铺于桌上，将蜡放置于小蜡锅中，加热溶解为液体，然后用蜡刀蘸蜡绘于白布上。绘制时不打样，只凭头脑构思，手工绘画。所画的直线、平行线、方块、圆形等图案，较为规范，折叠起来能吻合；所绘花、草、各种图案，式样多，构思巧妙。绘成后，投入染缸中浸染多次，清水漂洗、晾干后再用清水煮沸，将蜡溶化，显现出白色花纹，制成蜡染片。长角苗除以上主要的民族特色工艺外，还有大量的生产和生活技术，如编织的竹编背袋、碗袋等，草编针袋、打磨和石材工具等，都是非常独具特色的工艺。芦笙、三眼箫等乐器也很精湛，当地的碓窝、家具等木制品也独具特色，尤其是妇女背水用的呈圆锥形的、上宽下窄的木桶，装满水爬上斜坡也不会洒水。竹雕记事是一种为亡故老人们记事的方式。这种苗族的礼物有一定的规则，比如送牛（羊），必须同送一元钱，叫“压礼钱”；而礼物也大多是鸡、猪、牛、羊、线、布、米等。竹雕的人通常是家师和村里的寨老。在操办丧葬的情况下，主人家应邀请两个主要管理者和 2 ～ 3 个辅助人(根据家庭的亲属定夺)。每家都用“刺竹”来记录寨子的礼物和金钱。一个寨子的礼物，金钱一般是用一根刺竹记载的，管理者和辅助人预先规定每个竹节的顺序，比如第一竹节是用来记载金钱的，第二竹节是记载布匹，第三竹节是鸡，然后是猪、牛、羊等等。两天或三天后，管理者在众亲友面前。将账目算清楚后，焚烧竹子。高兴村全村内的 12 个村庄应用的竹雕符号非常相似，比如高兴村陇戛组表达量的方式是刻“一”以表 1，刻“＝”以表 2，刻“≡”以表 3，刻作“埠”表示 5，刻“妄”表示 6，刻作“年”表示 7，刻作“辛”表示 8，刻作“祟”表示 9，刻作“莱”表示 10，刻作“鲽 / ”，表示 1l，……数词可以记录钱币、布匹、大米等礼物。而“鸡”则用“咔”表示，两只鸡刻为“斗＼”……“猪”以“年”表示，两头猪刻为“斗气”……送牛、羊的人比较少，通常用同一个符号表示，刻为“#”，两头牛（羊）刻为‘饿芍”……

布依族蜡染也是“非遗”中的代表，其蜡染服饰制作过程十分复杂，需要花很长的时间，一般先自己织出土布，然后在白布上用铅笔画出花、鸟、蝴蝶等图案，再用蜂蜡涂在图案上防水，最后用靛蓝来染，制作一件布依族妇女的蜡染服饰需花 5 ～ 6 个月的时间。 至今仍以活态方式传承，与村落密切相关，以世代相传的方式传承。

唢呐是布依族喜欢吹奏的主要乐器。特别在迎宾仪式上，以唢呐为先导，身着盛装的男女老少跟随，凡贵宾参加各种喜事都要吹一对唢呐前来祝贺，当客人离主人寨子约 500 米就要开始吹奏一调唢呐，以示主人“客人来了”。主人听到客人的唢呐声后，也在村口吹起唢呐等候迎接，以示“有准备了”。客人听到主人的《迎宾调》就开始吹起《进寨调》。进寨时每人必须喝主人家姑娘们敬上的“拦路酒”，喝完酒后方能入寨。身着节日盛装迎宾的主人们站在村口两旁放起鞭炮，顿时，鞭炮声、欢笑声、话语声、唢呐声连成一片，气氛十分热烈。该仪式至今仍以活态方式传承，世代相传。

4.4.3 屯堡文化

六盘水市传统村落文化还有屯堡文化。屯堡文化在贵州地区保留着 600 多年前从江南迁入的先民生活习俗，在六盘水的多个传统村落中都遗存着这种习俗。

传统村落中屯堡人的传统民居建筑、服饰、饮食方式、民间传说及宗教信仰等都蕴含着600多年前的文化内涵，其独特的屯堡文化遗存在六盘水境内的传统村落中成为研究600余年汉族历史文化宝贵的瑰宝。在传统村落中以“屯”“寨”“所”进行命名的，如：陆家寨、大中村的白块大屯、中屯、殷家屯、马家屯，水塘村的上学庄、下学庄、上伍屯、中伍屯、下伍屯，均属屯堡后裔，屯堡文化在村落中的民间建筑及防御构筑物等有明显体现。

（1）物质文化

六盘水市传统村落中典型的屯堡物质文化代表有水塘村“李氏清代院落群”。水塘村的“李氏院子”是由正房、左右厢房组成的四合院。少数四合院布置照壁在正房的对面，因为西边的两个四合院前有高坎，所以其正面是敞开向外的，而剩余的四合院都是由房屋后檐墙、山墙、大门墙或影壁（照壁）围合而成。院内四合院的正房、厢房都是两层的建筑，但面阔有三、五、七间的，高度也各异，大门朝向也各不相同，有的朝东，有的朝北，有的朝南，但正房都是向东且所有四合院是一个独立的建筑文化的单元。院子里的所有建筑都是悬山顶，穿斗式架构的建筑，木工艺更细致，前檐装饰风格精致，工艺精美。大门（朝门，当地称龙门）都是门楼式，利用朝南的右边房子的明间，前面的房檐升高，格外建造屋顶。北向、南向的都是做成悬山顶式。门楼垂瓜和门墩分别为镂空雕和须弥式做法。两门的门额上挂有悬匾，分别是“进士”匾和“武魁”匾，都颁制于清光绪年间，其台明、踏步、地坪等石作技术精湛，至今其纹理清晰可见。门的做法符合宋法式规范，腰华板都是镂空雕刻的，浮雕在涤环板甚多，有各式各样的槅扇，且有透雕装饰于中部；雕刻图样丰富多样，当中有显示明代文治武功的内容。总体来看，整个李氏院落的四合院密切的联系，垂直方向（西东方向）有三组六个四合院前后通行，除了在横向（南北方向）上的西端的两个四合院外因地势元素不通以外，剩下的都可以通过侧门或大门连接，纵向相通的四合院不分前堂后室，正房地位也是不变，其整体空间格局呈现出当时建造者精湛的工艺。

图 4.13　水塘村李家院落传统建筑

图片来源：作者实地调研　2018 年拍摄

普福寺位于盘县（今盘州市）丹霞镇水塘村上伍屯营盘山麓，始建于明崇祯年间，布局为三进四合院式，前为关圣宫，中为大土庵，后为佛殿，三个院子阶梯分布越来越高，有一种独特的风格。寺院周围有古老的松柏，门前伫立一对石狮子，石坎叠加，殿门悬普陀山西山和尚手书横匾“酒是穿肠毒药，色是杀人钢刀，财是下山猛虎，气是惹祸根苗，算来四字无用，劝君一笔勾销。无酒不成筵席，无色路断人稀，无财寸步难行，无气要被人欺，算来四字有用，劝君量体裁衣”。寺内有桂花树，到了临近中秋佳节的日子，微风轻扬，香味弥漫于整个村寨，素有“十里香”的美称。只因岁月流逝，几经沧桑，普福寺庙倒塌失修，前殿拆除改建，仅有中殿、后殿尚存，但已失原貌，唯有寺内的紫荆花树树干直径 110 厘米，树围 340 厘米，高约 7.8 米，在盘县极为少有。在 1999 年 8 月，被当地政府列为“盘县文物保护单位”。

图 4.14　水塘村普福寺传统建筑

图片来源：作者实地调研 2018 年拍摄

大中村的传统建筑相对丰富，现有碉楼 1 座、龙门 9 座，古桥 1 座。碉楼位于古村寨中心，还保持着原有的历史风貌，建筑质量较好。9 座龙门，散落在村寨各处，部分还保持着原有的历史风貌，龙门历史风貌保存较好的是建筑龙门、陈家四合院龙门、邓家四合院龙门，严重破坏的龙门是邓家祠堂龙门等。在白块河中部，有1座古桥，已有几百年历史，还保持着原有的历史原貌，桥体已杂草丛生。

图 4.15　大中村传统建筑

图片来源：作者实地调研 2015年拍摄

（2）非物质文化

2006年5月20日，布依族的“八音坐唱”入选第一批国家级非物质文化遗产名录，是陆家寨特有的文化资源。“八音坐唱”又叫“八音坐弹”是陆家寨规划范围内布依族世代相传的民间曲艺形式，有弹拨、吹管、打击、拉弦四种类型的月琴，唢呐及二胡、铜锣与皮鼓和铜钹、木叶和竹笛等八种乐器由八位布依族传人，同时在村落历史悠久的大榕树下演奏所用，当佳节来临之时，这八位传人便会使用“八音坐唱”的方式奏响欢快的曲子，以表对先人的缅怀和美好生活的寄予。演奏的八音，流畅、雅致、独具韵味，在这淳朴俊秀、环山绕水的村落中静听其曲之时，犹如天籁绕耳，清风拂面，让人悠然自得，恍若进入世外桃源一般。布依族人民在很长一段时间的生产与实践中逐渐创造形成“八音坐唱”，于布依族众人之中影响至深，其特色鲜明，民众基础深厚，代表着卓越的民族文化，所以说，它代表着当地群众智慧的结晶的同时，也是中国曲艺宝库中的一大宝贵财富。

对于住在古村寨里的布依女人来说个个都是纺织刺绣能工巧匠。这里姑娘们的纺织、刺绣和剪纸工艺都是比较精致，图案栩栩如生，工艺非常精湛。从小就开始学，妇女们善于纺织、刺绣，他们个个心灵手巧，从种棉、麻到纺纱织布，样样都会。刺绣的物件主要用于花边、袖口、花鞋、帐檐、围腰和背篼带等。在这些刺绣品中，他们最为珍贵的是背篼带，特别讲究刺法，要求对称工整，要花很长一段时间和在非常有经验的人指点下才能完成。布依姑娘一般在谈恋爱时就开始准备自己的嫁衣，将自己对美好未来的生活愿望用一针一线天长日久地刺绣成精美的图案，一般用红、绿、黄、蓝等色的丝线和棉线，挑刺在青蓝或深蓝的布底下，精心地编制成各种美妙的花纹图案，他们的工艺品大多取材于生产生活中最为常见的自然景观或动植物等，主要有绚丽的花朵、云彩、蝶、山、水、人、鱼、飞禽走兽等。

4.4.3 古驿道文化

古驿道为洪武年间的屯兵带来便利，为六盘水境内有屯堡文化的传统村落的形成奠定了基础。村内有一条明朝时期构建古驿道从乐民村穿过，自东向西，长 1.2 千米的石阶古驿道，文化底蕴深厚。现今除西山口的 200 余米段面依然无损外，驿道中部段面已经损坏而被硬化路替代。

图 4.16　乐民村修复后的传统驿道

图片来源：作者实地调研　2018 年拍摄

4.4.4 红色文化

中国工农红军一方面军第三军团于 1935 年 4 月 23 日在彭德怀、杨尚昆等人的领导下曾宿营在鹅毛寨的肖家院子内，遗留宝贵的红色文化记忆，可开发成红色旅游教育基地。

图 4.17　鹅毛寨村的肖家院子

图片来源：作者实地调研　2018 年拍摄

4.5 六盘水市传统村落旅游资源开发利用的现状与问题

六盘水境内传统村落旅游资源丰富，因受交通、区域经济发展、资源利用单一及文化不自信等因素的制约，境内多数传统村落资源没有得到有效的开发利用。我国 20 世纪 80 年代对梭戛长角苗高兴村的保护，因资源利用单一其效果没能达到预期值，高兴村也在进一步地调整保护措施及产业结构。近年来盘州市石桥镇的妥乐村结合“三变”改革创新利用各项资源，目前效果较好。

4.5.1 大力发展传统村落基础设施

六盘水境内的传统村落分散在偏远深山中，部分传统村落得到有效保护，并对村落指出保护的主要内容、核心区域等，但村通交通等基础较差，还需加强基础交通设施的建设。市域范围内在“十二五”期间打通了市域与外界交通，建成了水盘高速、杭瑞高速、赫六高速、都香高速、毕兴高速、环城高速及水宜高速；沪昆高速铁路、安六城际铁路及水盘城际铁路等，但是在通往各传统村落的基础交通及交通网络的投入较低，制约着各传统村落的保护实施及村落的发展。

各传统村落中总体的水利设施建设不足。传统村落防洪、灌溉、供水、排污等工程依旧沿用较早的水利设施，水利工程设施的老化、效益衰减、效果不佳等问题特别严重。距乡镇近的部分村落有较好的自来水供给系统，偏远的才开始安装自来水管网系统。大多数村落面临现有水利基础设施脆弱，技术水平低，工程性缺水问题尤为突出，这些迫切需要解决。虽然六盘水降水量偏多，水资源丰富，但境内喀斯特地貌土层较薄，气象及水文各地差异大等多种原因，致使水资源的利用率不高，改变其现状需要大量资金和技术支持。在传统村落中找到充足的水源、如何拦蓄洪水、修筑水库蓄水，提高饮用水安全质量，解决村落中消防、灌溉等各项用水的需求是水利工程中的重点和难点。

传统村落中电力电信基础设施不足。村内通过国家农网改造村村都已经实施电力及线路的更新改造，但随着村落发展成旅游型传统村落，用电量会增加负荷，村内电线形成蜘蛛网布局，严重的影响美丽乡村的景观，为增强村落景观格局，应该把电缆埋在地下进行布置，在规划区配置应沿公路的电缆沟排管，使用铜芯电力电缆的供电线路沿电缆沟排管布置，将保护管线埋地敷设于无线电缆沟、排管这些位置，同时应该逐渐将现存的架空线路布置入地；村庄的电信工程现如今比较薄弱，有的因地势原因部分区域没有信号覆盖。随着通信技术的发展和业务需求的提高，光缆应与终端用户靠近，为多个用户提供综合服务的能力，让固定电话网络的数字化，宽带化得以实现，村内的通信网络采用的模块局、光纤接入网、用户形式也成为发展美丽乡村的重难点。

4.5.2 传统村落的经济发展滞后

六盘水地区是国家当前的扶贫攻坚战的主战场之一，全市扶贫工作重点尤在传统村落。因传统村落受保护制度的限制，村民过着自给自足的生活，在当前社会经济的发展中自给自足的生活模式远离了社会整体的发展。村落中几乎没有什么经济产业，靠利用传统的种植技术耕作，其产量低，效益不好，加上近年来劳动力外出的现象，村落中的耕地出现荒废等现象，更没有合理的利用土地资源和传统文化的各项旅游资源，导致经济发展滞后，贫困人口增多等情况。就从六盘水市区及其农村的收入情况来看，农村人均的纯收入远远低于城镇居民，且增长收入的速度也远低于城镇居民的收入速度。

图 4.18　水塘村李家院子传统建筑墙体

图片来源：作者实地调研　2018 年拍摄

4.5.3 传统村落资源利用方式单一

传统村落中以传统农业种植为主。全市境内的传统村落以承包自主经营的土地进行种植传统农业，产量效益不高，而有煤炭资源的村落开采权属国家所有，村民只能为其进行劳动服务，但随国家政策的变迁，市域境内的煤炭产业逐渐萧条，村民劳动力资源大量闲置。在已经实施保护建设的传统村落中多数的资源没有得到最大化、多元化利用。如妥乐村实施保护以来，村内的古银杏资源，没有得到充分有效地开发利用，仅仅依靠部分农民采售杏果这一模式，还有高兴村长角苗的各类文化资源也没有将现有资源通过深加工成旅游产品，结合网络大数据的方式进行宣传和销售，从而制约当地经济发展，影响当地农民的收入等。

4.5.4 传统村落环境污染

六盘水全市国土面积由64.93%的山地，16.9%的丘陵，4.05%高原，8.47%盆地，5.65%的水域组成。全市国土面积中熔岩面积占63.18%，形成了独特的喀斯特地貌，因地质的特殊原因，市域境内的生态系统较为脆弱。在没有对生态实施保护措施前，局部区域在乱砍滥伐、随意开采等行为活动中，造成生态系统遭受到破坏，由于地质原因生态的自我修复能力较弱，导致生态系统功能退化从而影响其生产。由于农村肥料的过度使用与人畜排泄物任意排放，还有部分煤炭开采加工的废水成为传统村落的污染源头。据六盘水市数据统计显示2007年全市使用化肥量17.32吨，农作物对化肥的有效利用率平均为30%左右，剩余70%的化肥残留在土壤中及部分流入水体中，造成土壤及水体的污染，根据以上数据六盘水每年约有12.12万吨的化肥遗留在土壤及流入水体中。全市农村畜牧业每年约265.2万吨畜禽的排泄物没有经过无害化处理就进行直接排放，这对传统村落生态环境同样造成较大污染。村民的生态环境保护意识弱，造成村落污染日趋严重，石漠化面积占国土总面积的34.9%（其中中度石漠化以上面积约15.3%），其造成的危害是急需治理的。

4.5.5 对本土传统村落文化的不自信

传统村落是优秀传统文化的发源地，是传承农耕、礼仪、民俗等文化的重要载体。村落中有得天独厚的自然环境资源及独特的区域民族文化资源，传统村落的文化在社会发展中成为人们共同的文化记忆。当前继承与发展富有地方特色的村落特色文化，捍卫传统村落的文化记忆，便是延续中国的文化根脉。

在对六盘水市传统村落进行两年多的调研活动中发现，传统村落之所以贫困，是因为内生产力及基础设施的严重滞后。在调研中一些村落内存在环境卫生“脏乱差”以及自然生态环境退化严重等问题。如具有历史研究价值的传统建筑任其在村落中自然毁坏而没有采取有效的保护措施，悠久的民族文化、语言、习俗、传统技艺、歌谣等在现在年轻一代人的眼里被视为糟粕，认为大城市流行的就是优秀的，这样的从众心理导致传统村落民众对自己本民族悠久、优秀的文化缺乏自信。

第五章　六盘水市传统村落旅游资源评估

对六盘水市境内的传统村落旅游资源进行综合评估，有助于资源后续的利用与开发。本章对六盘水市 2012—2016 年列入国家级传统村落名录的天门村、妥乐村、高兴村、陆家寨村、大中村、鹅毛寨村、乐民村、长湾村（长田组）、水塘村等 9 个传统村落进行分析各村落的资源评估。

5.1 村域资源综合分析

5.1.1 天门村

天门村村域范围内现有 7 个自然村小组，分别为天门村、新寨、大寨、小寨、牛滚塘、高苋槽、大牙场。天门村现有村民 227 户，布依族占主要组成部分，其中都归属于新寨、大寨、小寨三个村落中。其他四个村落居民虽仍以布依族为主，但新寨的生产生活方式略有不同程度的汉化，新寨残存的文化要素不具备整体保护的价值。

天门村布依族居住的传统建筑为其独特的吊脚楼，底层吊脚架空，二楼作为居住空间。经调研发现布依族传统吊脚楼在新寨、大寨、小寨三个布依族居民集聚村寨保存完整且集中组团分布，极具地域典型特征与民族文化价值。

天门村村域范围内，三面环山，一面开敞，两岸抱水，山水格局特征明显，形成“天门谷地”的空间山水格局，生态系统保存完整，植被茂盛。

天门谷地中现保存大面积梯田，形成绵延布局，错综复杂的山地梯田景观，极具历史人文价值和地域乡愁。

图 5.1 天门村梯田景观

图片来源：作者实地调研 2016 年拍摄

5.1.2 高兴村

高兴村辖陇戛寨、小坝田寨、高兴寨和补空寨四个长角苗寨组合而成，现有 404 户，2 080 余人，全都以苗族为主，村域总面积约 5.26 平方千米。其中陇戛寨，共 600 余人，144 户。“依山而寨，择险而居”，顺等高线错落起伏，平面呈无中心的自由伸展，随其自然，沿等高线布局，顺应地貌，层次丰富。村落的布局相对集中，结构完整。自然环境优美，具有得天独厚的生态环境优势。陇戛寨坐落在群山环抱的山间盆地中间，建筑依地势而建，四周古枫、古松共同组成了陇戛寨赖以生存的空间。

图 5.2　高兴村村落局部

图片来源：作者实地调研　2015 年拍摄

5.1.3 长湾村长田组

长湾村辖 10 个村民小组，村域总面积 9.50 平方千米，其中长田组（七组）总户数 64 户，总人口 240 余人，其中布依族 230 余人，汉族 8 人。整体交通环境较好，村民通过横穿村寨的县道向北抵达乡驻地，乡驻地留有六镇高速的匝道口。

寨子西北侧有一长约 300 米环山的水田，顾名思义曰：“长田”。整个村寨呈两边高，中间低，依山而建，整体布局在南侧山体的北部缓坡间，房屋多为石木结构建筑。

图 5.3　长田村村落局部

图片来源：作者实地调研 2017 年拍摄

5.1.4 鹅毛寨村

鹅毛寨全村有 1 024 户，人口 3 230 余人，少数民族 63 户 150 余人，少数民族约占 5.7%，主要有彝、苗、回、白、布依、穿青人 6 个少数民族。各民族的生活习惯和文化传统在长期的生活中得到充分的交流和借鉴，浓缩了贵州少数民族文化的精髓。

鹅毛寨村民居保持着合院的形式，多为一正一面合院或三合院及四合院等传统建筑格局，面房多采用干栏式建筑的架空形式，底层圈养牲畜，二层作为住房或堆放粮食。整体民居建筑群根据台地自然组合，大门、梁、枋、门和窗等做工精细，雕刻的图案古朴大方，充分显示了房屋主人深厚的文化素养和殷实家境。

鹅毛寨村四面环山，东面偏低沿狭长的丘陵地带居住，所以房屋均依山就势呈分台错落的形态，寨前平坦为稻田种植，居民沿稻田以上丘陵地带建房居住，山外不见寨、进寨见全村。寨中雨水流入寨前平坦稻田中由一洞排出，形成“天人合一”的优美环境。

图 5.4　鹅毛寨村传统建筑

图片来源：作者实地调研　2018 年拍摄

5.1.5 陆家寨村

陆家寨村中有王、罗、陆、潘、白、岑六姓，根据陆氏的家谱和口碑的历史材料可知，最先到此地的是王姓，其次为陆姓于明洪武年间由江西徒迁于此地定居，至今也有六百多年的历史了。现有 110 户人家，村民有 330 余人，其中陆家寨居住有 80 户布依族人家，布依族村民共 320 余名。陆家寨布依族村民相对集中，汉化程度较深，布依文化在逐渐地减弱，只有老人和少部分的年轻人在保持传统的布依习俗。

当地建筑主要为木构民居，相对石构筑物来说布局较灵活，其中有顺应地势采用的吊脚楼形式，也有建于平地石板之上的穿斗式建筑，因基本属于木结构，村内大多数建筑都破损严重。相对来说位于村寨中部的陆氏民居是保存较好的传统建筑，并且也做到了相应的保护。陆家寨现存着12座粮仓，是其历史发展的重要建筑。

陆家寨是依据由南向北的山地地形而建，三面环山，因其地高差变化平缓，好似为了迎合村寨的东北环山的地形地貌，形成了一条风、水通道。当地村民从古至今都是以农为本，并在此处开山建田植树，有成群古榕树和万亩梯田立于山中，造就了连绵起伏的梯田景观。

图5.5　陆家寨村古榕树与梯田局部

图片来源：作者实地调研 2015年拍摄

5.1.6 大中村

大中村现辖有6个自然村落，分别为中屯、大屯、墙院、殷家屯、马家屯、白家。大中村共有976户，村民总人口共3680

余人。大中村主要村民为汉族，村内大多数村民都保持着传统的文化习俗，大中村是典型的防御性屯堡村寨的代表之一，村内传统元素现存较多，具有整体保护的价值。

大中村村寨内的建筑主要采取分片区来布置，三条主要的街巷为最主要的分界线，建筑群的内部相互通达，其建筑单体的外墙是用石块来堆砌，碉楼分布设置在村寨内部，在村寨的附近山体上设置了营盘，大中村的格局是传统的碉堡体结合当地的特殊环境所改进的城堡碉连结体式，至今为止构成的空间序列“街巷—建筑群—院落”依旧可见，极具地域典型特征与屯堡文化价值。

图 5.6 大中村传统街巷及传统院落

图片来源：作者实地调研 2015 年拍摄

大中村村域范围内南北高山围合，中部开敞建造村寨。山体常年被常绿乔木林覆盖，是大中村所依赖的生态保障和防卫屏障，在两山之间的白块河两侧分散布置了千亩良田，形成了南北围合，东西开敞的景观格局。

5.1.7 乐民村

乐民村村域范围内现有5个自然村寨，16个村民组，乐民村现有村民总人口数为2510余人，715户，主要为汉族。乐民村民居主要为四合院的形式，房屋多采用穿斗式梁架，硬山式屋顶，房屋的柱梁、瓦顶、墙体主要以木料为主，开间面宽有三开间、五开间、七开间，为两层建筑；一层作为住房，二层多为堆放粮食或杂物，主要集中于村落南部；传统特色浓郁，极具人文气息和文化价值。

图 5.7 乐民村传统建筑及建筑窗户

图片来源：作者实地调研 20118 年拍摄

乐民村整个村落顺应山势机理而构建，西侧背靠山体，灌溉沟渠面向村庄自西而东，具备良好的山水格局和良好生态环境。

乐民村现保存大面积古银杏树于村落内部，风景怡人，环境优美，古老繁茂的银杏树和优雅清静的温泉极具历史人文价值和地域特色。

5.1.8 水塘村

水塘村位于丹霞镇镇政府驻地北部 1.2 千米处，毗邻贵州省著名的旅游名山丹霞山，东临邻园村，南至前所和木龙村，西与郭官接壤，北连板桥镇顺居屯，县道赵威（赵官—乐民威菁）公路过境，全村总面积 5.4 平方千米，辖区有老虎地、上伍屯、中伍屯、下伍屯、上学庄、下学庄和山民桥 7 个自然村寨 14 个村民组。水塘村李氏清代院落群，位于上伍屯、中伍屯和下伍屯 3 个村寨，最早的有建于清嘉庆年初，最晚建于清道光末年，保存得较好。 村落周围古树成荫，竹林密布，云雾环绕，环境优美，保留着浓郁的传统建筑特色，具有一定的研究保护价值。

图 5.7　水塘村传统建筑及建筑窗户

图片来源：作者实地调研 2018 年拍摄

5.1.9 妥乐村

妥乐村村域面积约 15 平方千米，辖 24 个村民组，总人口数为 4 080 余人，主要为汉族聚居地，有少量彝族、回族等民族。妥乐村的建筑结构形式以传统木结构穿斗式为主，随着当地砖瓦厂的发展，青砖在山墙的建筑应用增多，出现了一些砖木结构。建筑层数多为两层，一层为主要的居住活动空间，二层为储藏空间。多数还设有“地间”，是建筑一层平面与坡地之间形成的夹角空间，多作为牲畜饲养空间。因此一般建筑都设有石材基座，设置台阶与院坝相连，与周围环境非常协调，地域文化突出，具有保护价值。

图 5.9　妥乐村传统建筑

图片来源：作者实地调研　2015 年拍摄

妥乐村整体景观格局为南北开敞，东西围合，其传统格局要素包括三个层次，一为背山面水、左右维护，二为排屋层叠、树伴人家，三为前庙后村、河贯桥联。其山水格局突出，生态景观良好。

妥乐村现保存大量古银杏树于村落内部，每棵银杏树都有其独特的外观向四周延展，以展示自己的个性与特征，整个村落在古银杏的点缀下若隐若现，形成村树一体，人树相依的独特文化，同时还有苍老的古墓、古桥、古井述说着妥乐村的悠悠岁月，极具历史人文价值和地域特色。

图 5.10　妥乐村古寨整体风貌

图片来源：作者实地调研 2015 年拍摄

5.2 传统空间格局分析

5.2.1 天门村总体特征

（1）气候条件

天门村位于花戛乡东北，年平均气温 16.8℃，无霜期达 345 天，气候温热，年平均降雨量 1 370 毫米左右，因而适宜种植多种农作物。水稻、玉米、小麦、橘子、刺梨、枇杷、樱桃、马铃薯、生姜、花生、核桃、甘蔗等都可作为主产物。

（2）山水格局

天门村三面环屏，一面开敞，依山傍水，水源充沛。开敞区域内地势较低，与周边山体垂直海拔差300余米，面向天门村为一个天然大型坡地。三山及北盘江、格所河形成天然屏障，自然山水格局完整突出。

（3）地形地貌

天门村是典型的山地喀斯特地貌，地处云贵高原一、二级台地斜坡上，境内岩层发育成喀斯特地形地貌且特征突出。许多山脉在这片土地上绵延起伏，深险沟壑纵横交错，形成深而危险的北盘江、格所河等河流水系，区域内地势西北高而东南低，中部由于北盘河的切割而断裂。天门村范围内，最高海拔为吴王山1 629米，海拔最低位于北盘江771米，海拔垂直高差达858米，地势险峻。

（4）格局要素

山体资源有北面巍峨的吴王大山，南面山体相夹于北盘江面处形成天门，山体也成为整个天门村景观视觉廊道的节点；水资源有北盘江从天门村西北面横穿而过，东南面有格所河接壤，两条水域是最为重要的生态景观资源，也是天门村空间格局的重要组成部分；植被资源，天门村境内的北盘江及吴王山周边植被茂盛，组成复杂。植被资源组成了生态林地及坡地保护区，极具生态研究价值；梯田围绕村寨，与山形地貌相吻合，天门村梯田依山就势，呈五爪型向江河边延伸，上下回旋，阡陌蜿蜒曲折，墨线在寰宇间浮游，是独特的空间资源；码头在天门村大寨东面，是整个空间格局的重要景观节点。

5.2.2 高兴村总体特征

（1）气候条件

高兴村海拔 1 850 米，属于中亚热带季风湿润气候、气候温和、雨量充沛、雨热同季、冬无严寒、夏无酷暑，气候条件良好，年平均气温 12 ～ 14℃，年平均降雨量 1 200 ～ 1 400 毫米，适宜玉米、马铃薯、小麦、核桃、梨等农作物的生长。

（2）山水格局

高兴村范围内群山环绕，民居多沿等高线布局，聚落空间高低错落、内聚有力，但水源匮乏。

（3）地形地貌

高兴村坐落于群山之中，村落依山而建。村落周边自然生态环境较好，群山把整个村落环抱着，村落中各类传统建筑都顺应着等高线的变化进行修筑。村落交通路网多以当地产的青石材料进行铺设，路网也顺应山体等高线变化而连接各家各户。从村落内的屋脊可看出所有的构筑物与地形地貌之间的关系就如自然界的植被自然生长在大地的各级等高线上一样。村落的整体轮廓呈现出没有固定的形状，均是依山就势进行建造。

（4）格局要素

“靠山而居，田园风光”是对陇戛寨传统村落自然格局的真实写照，其构成要素可概括为山、田、寨三要素。山体、农田与陇戛寨传统村落互相依托，更衬托出了陇戛寨传统村落的特色。

5.2.3 长湾村长田组总体特征

（1）气候条件

长湾村气候属亚热带季风气候，村落环境内全年光照条件较好且湿润温和。年平均降雨量 1 320 ～ 1 148.3 毫米，年平均气温 20 ～ 22℃，适宜樱桃、桃子、水稻等农作物的生长。

（2）山水格局

整个村寨位于南北两大山脉之间，两大山脉之间又呈“鱼骨”形态，形成了山田相融、山山相望的和谐画卷。另外，长田组因村落选址原因，整个村寨西北侧为农田，被山体与农田相包围，形成了一个相对独立的自然空间。

（3）地形地貌

长湾村长田组地处六盘水市六枝特区，属于典型的山地喀斯特地貌类型。长湾村整体地势为北面和东南面高，坡度向西南方向逐渐降低，村落的西北方向有环绕在山脚下的水田，水田的环绕长度有 300 余米，村民称之为“长田”，故而得名长田组，村落所有建筑均依山而建。

（4）格局要素

长田组土地肥沃，寨子前面是一片田园风光，因此多年来村落空间格局、功能、选址以及内部结构的变化不大。又因其处于一个相对独立的环境之中，地理位置相对偏僻，交通不便，外界干扰较少，长期以来的封闭环境保留了大量布依族民居相对完善的自然村落风貌。改革开放以后，道路交通环境有所改善，但整体风貌及村民生活方式基本保持不变。

5.2.4 鹅毛寨村总体特征

（1）气候条件

鹅毛寨村海拔 1 550 米，年平均气温 13.5℃，无霜期 260 余天，年平均降雨量 1 504 毫米左右。日照充足，土地肥沃，立体气候显著，适宜多种作物生长。鹅毛寨村耕地面积约 8 000 亩，都集中在村落北部，主要种植的作物有薏苡、玉米、生姜、烤烟、核桃、软籽石榴等。

（2）山水格局

鹅毛寨村四面环山，东西偏低沿狭长的丘陵地带居住，所以房屋均依山就势呈分台错落的形态，寨前平坦为稻田，居民沿稻田以上丘陵地带建房居住，山外不见寨、进寨见全村。寨中雨水流入寨前平坦稻田中由一落洞排出，形成“天人合一”的优美环境。

（3）格局要素

鹅毛寨村依山就势而建，背靠青山，面向盘南大道，左右皆临蜿蜒的水渠，具备良好的山水格局。

5.2.5 陆家寨村总体特征

（1）气候条件

陆家寨村位于保基乡东部，年平均气温 13.8℃，无霜期达 282 天，年积气温 3 967.5℃，气候温热，年平均降雨量 1 378 毫米左右。因而适宜种植多种农作物。甘蔗、芭蕉、橘子、黄果、西红柿、辣椒、豆类等都作为主产物。

（2）山水格局

陆家寨村范围内三面环山，一面开敞，沿格所河所建，水源充沛。陆家寨是依据由南向北的山地地形而建，因其高差变化平缓，好似为了迎合村寨的东北环山的地形地貌，形成了一条风水通道。

（3）地形地貌

陆家寨地处六盘水市保基乡东部，属于典型的喀斯特地形地貌。沿格所河所建，与龙云山隔河相望，西南分别被垤腊山和雨那洼山相护，北面开敞。海拔落差较大，最高海拔为 1 300 米，最低海拔为750米，海拔垂直高差达550米，地势险峻，拥有独特的自然景观。

（4）格局要素

陆家寨中的村民历代以农为本，注重交通发展，该村民居主要是分居式，规模不一、类型丰富，民居的周边零星分布有古榕树，古树民居相互对应，形成树伴人家的独特格局。

5.2.6 大中村总体特征

（1）气候条件

大中村位于羊场乡南部，年平均气温15℃，无霜期达260天，年平均降雨量1 300毫米左右，气候温和，环境气候条件较好，空气质量好负氧离子高。适宜种植多种农作物，玉米、水稻、马铃薯、小麦、豆类、核桃、花生等作为主产物。

（2）山水格局

大中村范围内两侧高山围合，中部开敞，依山傍水，水源充沛。谷底两侧均是连绵起伏的高山，山体常年被常绿乔木林覆盖，是大中村的所依赖的生态保障和防卫屏障，在两山之间的白块河两侧分布着千亩良田，形成了南北围合，东西开敞的景观格局。

（3）地形地貌

大中村地处六盘水市羊场乡南部，属于高原山地为主的地形地貌，山地与土地比例占75%以上，地势险要，山峦众多，延绵起伏。沟壑纵横，深履险峻，其地属于南北两侧被高山所围合的开阔的大河谷型盆地，呈现出自东向西的河流穿过，东有天然瀑布的滴石岩景象。大中村范围内，最高海拔为1 560米，最低海拔为968米，海拔垂直高差达592米，地势险峻。

（4）格局要素

大中村村落格局保存良好，传统“街巷—建筑群—院落”所构成的空间格局清晰可见。传统格局中主要是外部封闭，内部联通的布局形式，在主要街巷的重要节点设置龙门，具有很强的防御性，建筑坐西南朝东北，房屋就地取材，以石块构墙，屋顶覆以瓦片，多为青石板三合院、四合院民居，并形成主要的景观节点。

5.2.7 乐民村总体特征

（1）气候条件

乐民村的年均气温15.5℃，年平均降雨量约为1 760毫米，无霜期为272天，气候温适怡人，适宜种植多种农作物。小麦、水稻、玉米、辣椒、白菜、豌豆等都作为主产物。

（2）山水格局

乐民村整个村落顺应山势机理而构建，云台山、鳌头山、老云盘山俨然屹立于其身后，身前有由西至东再往北流的灌溉沟渠穿过，东部有错落的梯田，延绵的群山，内部有厚重繁茂的“古银杏”，大自然宛若鬼斧神工一般勾勒出了乐民村奇秀的山水格局。

（3）地形地貌

乐民村在六盘水市境内喀斯特地貌的山谷中，地处云贵高原一、二级台地斜坡上，境内地形地貌的岩层发育良好，在地壳运动中形成较多的丘陵山峰，乐民村的地形犹如海浪一样连绵起伏，村落前呈丘陵状耕地，耕地低洼处的水渠相连，整体地势西高东低，田畴交错。

（4）格局要素

山体资源有巍峨的云台、鳌头、老云盘大山，在其身后依托着乐民村，同时东部延绵的群山也丰富了村落的视觉感受。植物资源，村内内部植物资源丰富，有古老繁盛的古银杏点缀着，同时层层错落的梯田景观为整个村落营造出良好的视觉感受，是整个空间格局的重要景观节点。

5.2.8 **水塘村总体特征**

（1）气候条件

水塘村属亚热带夏湿春旱气候区，年平均气温 15℃，年平均日照时数 1 500 ～ 1 700 小时，常年无霜期 266 天。全年降雨量 1 424.56 毫米，5 ～ 9 月集中降雨 1 136.5 毫米，占全年降雨的 79.78%。境内光照充足，气候温暖，雨热同季。适宜种植多种农作物。小麦、水稻、玉米、辣椒、马铃薯、白菜等作为主产物。

（2）山水格局

水塘村属山区地貌，村庄依水塘大山而建，房屋以西南八小佛教名山丹霞山为中轴线，背山面河，地势西高东低，地形破碎，属典型的喀斯特地貌。

（3）地形地貌

水塘村处于山腰坡地上，周围有农田包围，东与集镇相连接，与丹霞山遥相呼应，背靠水塘大山，东临水塘河，村落周围古树成荫，竹林密布，云雾环绕，环境优美，视线开阔，自然环境十分优越。

（4）格局要素

水塘村依山就势而建，背靠水塘大山，面向水塘河，具备良好的山水格局。水塘村在丹霞镇域范围内西南方向，坐落于水塘大山脚下的斜坡地带，北接穿越丹霞镇的202县道，东北方向与普福寺相交，整个村域呈“S”状。村落依水塘大山的西北脚下的等高线进行分布。

5.2.9 妥乐村总体特征

（1）气候条件

妥乐村属亚热带夏湿春干温暖气候区，年平均气温13.6℃，暑期平均气温20～21℃。全年无霜期280天，气候舒适宜人，年平均降雨量1 341.8～1 769.8毫米，因而适宜种植多种农作物。小麦、水稻、玉米、生姜、苦荞、花生、马铃薯等都作为主产物。

（2）山水格局

妥乐村位于妥河西侧的山坡地段，左右两侧均为可供防卫的连绵高山，西为后岩山，东为对门山，妥河在古树古村寨与西来寺所在的山谷之间，沿妥河两岸有田园耕地，妥乐村的道路是南北方向分布，山水格局紧致突出。

（3）地形地貌

妥乐村位于典型的喀斯特地貌地区，村域境内地势起伏非常突出，村寨坐落在两大山夹缝空间之中，面向对面山体的西来寺，山涧泉水为妥乐村的主要水源，并形成妥河从村前流过，村落内部地形总体呈西高东低，古寨建筑群整体朝向为坐西朝东，顺山势等高线分别布局。

（4）格局要素

山体资源有马山凹、后岩山、对门山等山体延绵起伏，气势恢宏；水资源主要有在后岩山和对门山之间穿插而过的妥河，水质清澈，生态良好；植物资源主要有村落内部及周边山体分布成片的银杏林和古村北侧茂密的罗汉松林，即村落古墓群的守望树林，罗汉松林与银杏林共同构成了南北呼应、阴阳契合的自然景观序列。

5.3 传统村落比较分析

5.3.1 天门村

（1）村落概况

天门村由新寨、大寨、小寨三个自然寨组成，其基本状况如表 5.1 所示，现状中三个村落规模基本相近，保留传统建筑数量基本也相近，现居居民为布依族同胞。交通条件最为便捷的是新寨，新寨距小寨距离 3 千米，距大寨 4.5 千米。

表 5.1　天门村概况

传统村落	建设用地面积（公顷）	居住户数（户）	传统建筑数量（栋）	古树数量（株）
新寨	2.5	50	36	3
大寨	2	45	35	6
小寨	2.5	45	39	3
总计	7	140	110	12

大寨为水路交通最便捷的自然村，距该村北盘江码头 1 千米，距小寨和新寨距离分别为 1.5 千米和 3 千米。用地条件方面三个村落从选址地形上来看，均位于北向坡地，其中新寨的海拔最高，大寨海拔最低。新寨村落地形以台地为主，总体地势平缓，起伏不大，建设用地拓展空间相对充足。小寨村落建设用地被大型生态植被分割形成南北两块。北部区域为传统建筑集聚区，地形相对复杂，形成多层台地，错落有致，地形起伏度较

大。可拓展建设用地主要位于南部区域，靠近车行道路两侧，以缓坡为主。大寨村落建设用地被梯田分割为南北两块。北部区域为传统建筑集中区域，地势平坦，但可拓展用地有限，南部区域为缓坡，可拓展用地充足。

（2）传统建筑

天门村三个自然村均保存了大量布依族传统吊脚楼，保存数量基本相当。但总体来说，新寨传统建筑分布较为分散，且现状有大量新建筑穿插在传统村落之中，对传统村落空间格局有较大的影响。保存相对集中的传统建筑群落分布在新寨的中部，新建建筑主要集中在新寨的东部车行道路两侧；大寨传统建筑分布较为集中，主要位于村落北部，但仍有少量新建建筑穿插其中，对建筑整体格局存在一定影响。新建建筑主要集中在村落南部坡地上，靠近车行道；小寨传统建筑保存数量最多，最集中，传统空间格局和生态环境被完整地保存下来，极具空间美学价值。保留的传统建筑主要集中在村落北部的坡地中，新建建筑主要分布在南部，由车行道和一处大型生态植被群落分隔。

图 5.11　天门村大寨传统建筑群

图片来源：作者实地调研 2016 年拍摄

（3）生态植被

天门村三个村落生态植被保存均很完整。新寨植被主要集中在村落东、南、北三侧外围，以大型茶干竹、榕树为主，其中村落东北侧保留了三株古树，生长状态良好；大寨植被主要集中在村落西侧和北侧外围，以较多的茶干竹林、芭蕉丛和古榕树为主，村落内共保留四株古榕树为护寨树，极具景观文化价值；小寨植被主要集中在东北、西南侧，且北侧植被以大型茶干竹为主，西南侧为自然山体，植被覆盖茂盛，景观条件优越。

图 5.12　天门村大寨茶干竹及古榕树

图片来源：作者实地调研　2016 年拍摄

5.3.2 高兴村

（1）村落概况

高兴村整个村庄为典型的苗族村寨建筑风貌。草房是历史较长且比较普遍的建筑形式，为木柱和木梁制成的穿斗结构，四周墙壁也由木头制成，大多数房屋都配备有晾晒谷物的院坝，其中茅草的屋顶和屋脊檐厚而高，风格独特。土墙秸秆的房屋也是主要的建筑形式之一，其结构形式为房屋四周墙壁由黄土和黏土筑成，有些房屋中间无吞口，通常有两开间和三开间。

图 5.13　高兴陇戛寨传统建筑

图片来源：作者实地调研 2016 年拍摄

（2）传统建筑

陇戛寨整个村庄为典型的苗族建筑风貌，民居建筑技术上采用苗族民居传统的干栏式，木结构村落的独特之处是建筑风格多为苗族干栏式“吊脚楼”，通常正房三间，左右两侧建二通进“吊脚楼”厢房，与正房齐平。

房屋始建于清代的，多为一、二层平房，其结构主要分木结构草顶房、土墙草顶房和石墙草顶房。多为三开间，也有两开间。另外，戛房和妹妹棚代表着死亡与再生，象征着在这支苗族中有崇高和神秘的社会地位。

（3）生态植被

高兴村植被繁茂且类型丰富。全村被森林包围着，村落周围乔灌木相结合，林木茂盛，森林的覆盖率约为 30%。山上有较多野生岩杉树、构皮树、猕猴桃等。在陇戛寨后山有池塘，池塘水生物丰富，池塘周边植被秀丽，整体生态环境优越，是开展生态旅游和休闲度假绝佳之地。

图 5.14　高兴村陇戛寨植被

图片来源：作者实地调研 2016 年拍摄

5.3.3 长湾村长田组

（1）村落概况

长湾村村域面积为 9.5 平方千米，村庄占地面积 133 亩，全村包含了 10 个村民组，其中长田自然寨是独立的一个村民组，属第七组，为传统村落部分。

由于交通不便，长湾村长田组产业发展滞后，村落发展较为缓慢，基础设施配置较为落后。特别对饮用水的供给、污水的处理、环卫设施以及减灾防灾上的完善是长湾村长田组人居环境发展亟需解决的问题。

长湾村民居住的环境背山临田，注重山、河、坝的融合，而

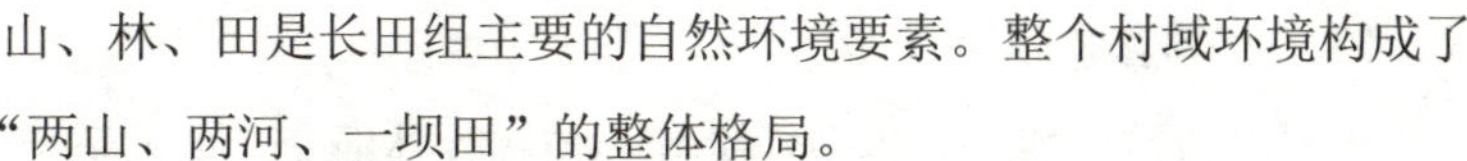

山、林、田是长田组主要的自然环境要素。整个村域环境构成了“两山、两河、一坝田”的整体格局。

（2）传统建筑

通过对长湾村长田组的调查发现长田组位于村域南部两山之间，民居分布在南山的北坡之上，多数民居面朝开阔的农田，山、林、田与青瓦覆盖的传统民居建筑互相辉映，浑然一体，明显呈贵州山地环境下村寨与自然相辅相成的典型特征，村庄整体秀美灵动。

长湾村传统建筑多为单体一层建筑，少数为两层。建筑依山而建，三五成群建筑在一个平面上，依据地势的高低形成阶梯状空间形式。建筑为“砌石结构”，主要为双坡歇山青瓦顶式，这类建筑大部分在四角转角处用整块石头砌筑，今称作“转角墙”，这样的结构形式主要目的是为平衡整栋建筑的稳定性。

长湾村“砌石结构”建筑，大部分为三开间形式。民居房屋的布局，中间较大的是堂屋，两侧的房屋是卧室、厨房。

图 5.15　长湾村长田组传统建筑

图片来源：作者实地调研　2017 年拍摄

（3）生态植被

长田组植被茂盛种类繁多，针叶林与阔叶林混交。多为适应当地的樟科、木棉科、松科、杉科等植物，这些植物大多分布在村落周边的山体上，植被茂密，四季常青，各类生长一般的植物在南面形成了村寨的风水林。

图 5.16　长湾村长田组植被

图片来源：作者实地调研　2017 年拍摄

5.3.4 鹅毛寨村

（1）村落概况

鹅毛寨村位于六盘水市西南部，盘州市东南部，保田镇西部 5.7 千米处。距盘州市市区 74.6 千米。正在建设的六盘水市盘南产业园区盘南大道从寨前穿过，现有 4 米宽的道路通往该村。

鹅毛寨村域面积 14.5 平方千米，村庄房屋占地面积 500 亩，全村有 1 024 户，人口 3 230 余人，少数民族 63 户 150 余人，约占全村民族成分的 5.7%，主要有彝族、苗族、回族、白族、布依族、穿青人。2016 年村民人均年收入 5 465 元，村集体无集体收入。

鹅毛寨村海拔 1 550 米，年平均气温 13.5℃，无霜期长，日照充足，土壤肥沃，立体气候显著，适宜多种作物生长。鹅毛寨村耕地面积约 8 000 亩，都集中在村落北部，主要种植的作物有薏苡、玉米、生姜、烤烟、核桃、软籽石榴。

（2）传统建筑

鹅毛寨村现状传统格局整体保存较为完好，但随着城镇化进程的加快，村落建设又缺少控制和引导性，村落中出现风貌不协调的建筑多为贴砖建筑，对村寨整体风貌造成一定影响。部分新建建筑布局零乱，破坏了村落传统及开放空间的连续性。

图 5.17　鹅毛寨村传统建筑

图片来源：作者实地调研 2017 年拍摄

（3）生态植被

鹅毛寨村地貌山高谷深，田畴交错，沟渠自西向东缓缓流过，与村落周边肥沃成片的农田大地，田园的树木，展现出山水、田园、村落一体的自然景观，体现出坡地村落对地质、气候等自然环境的良好适应，以及对于安全的环境要求。

图 5.18　鹅毛寨村植被

图片来源：作者实地调研 2017 年拍摄

5.3.5 陆家寨村

（1）村落概况

陆家寨村现居居民主要为布依族同胞。陆家寨的地理选址颇具匠心，其三面环山，风景优美，沿格所河所建，与龙云山隔河相望，西南分别被垭腊山和雨那洼山相护，北面开敞。可以看出虽然陆家寨是以农为本，但其南面有一条通商的要道，也注重当

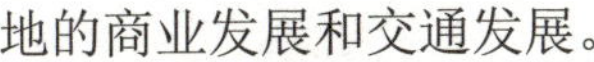

地的商业发展和交通发展。

（2）传统建筑

陆家寨村整体风貌上，自然风貌保护较好，其中600年以上的古榕树就有50多棵。传统建筑中，只有少数建筑是以木结构悬山式坡顶灰瓦房为主的房屋，且这些建筑年久失修，破损严重，建筑传统风貌保护较差。陆家寨中共有粮仓12座，其中大部分粮仓为20世纪50～70年代所建，也有一座为清代所建，建筑面积达200平方米。年代久远的粮仓大多采用悬山式坡屋顶形式，新建的粮仓为混凝结构混凝土式的砖房，且每座粮仓皆为一层架空，二层进行围装。

图5.19　陆家寨村传统建筑

图片来源：作者实地调研 2015年拍摄

（3）生态植被

陆家寨村中生态保存较为完好。寨中有传统建筑与良田，及百年古榕树群，有着榕树村的美称。陆家寨现拥有的50棵古榕树，树龄都在600岁以上，其中最大的一株被村民命名为树王，树干直径为10余米。村中除百年古榕树群，万亩红枫林和精巧梯田等自然景观外，其自然资源相对集中且丰富，还具有陡壁、悬岩、奇峰、清泉、格所河、红枫林、自然林、传统村寨等类型的自然景观和人文要素。

图5.20 陆家寨村夫妻榕树

图片来源：作者实地调研 2015年拍摄

5.3.6 大中村

（1）村落概况

大中村由中屯、大屯、墙院、殷家屯、马家屯、白家场地等六个自然村落组成，现状中六个村落规模基本相近，保留传统建筑数量基本也相近，现居居民以汉族为主。大中村地貌以高原山地为主体，山地占土地总面积的 70% 以上，地势险要，生态环境复杂，从而导致农业生产有显著差异，白块大屯位于由南北两侧高山围合中部开阔的河谷型盆地，在东西两侧，山体收拢对外保留狭窄的通道，自东向西有白块河穿流而过，东有天然瀑布滴水岩。傍水而建，既方便日常生活用水，又方便火灾和农耕时使用，村寨的建设则是沿着山体逐渐的抬高，不影响人们的取用水，又可避免洪水所带来的自然灾害，做到近水利而避水患。

（2）传统建筑

大中村的传统布局主要是外部封闭，而内部联通，内部是由街巷连接形成完善的交通网络，又在重要的街巷节点处设置龙门，各个节点处的连接构成具有较强的防御功能，是典型的屯堡建筑。村寨内的建筑主要采取分片区来布置，三条主要的街巷是最为主要的景观轴线，建筑群的内部路网是相互通达的，其建筑单体的外墙是用石块堆砌组合而成，碉楼分布设置在村寨内重要的位置，各建筑群虽然通达，但也有各自的防御功能，在村寨的附近山体上设置有营盘。大中村的传统格局是传统的碉楼形体结合当地的特殊环境所改进的城堡碉连结体形式，至今为止构成的空间序列“街巷—建筑群—院落”依旧可见。

大中村建造于小营山山坳处，所形成的建筑群被历史街道划分成不一的片区，片区由院落组成。村寨中的院落主要沿用的是江南院落的特点，又结合当地的环境要素加以改造，运用当地特色，用石门将建筑群连接，既独立又互相连接。在各式各样的院落当中，都可以看到每个院落中有一个天井，不仅仅是家人娱乐的场所，也是为了防止有人纵火而留的空地。村内建筑共 162

栋，其中传统风貌建筑共 48 栋，占总建筑数量的 30%。现状传统建筑的风貌较好，质量普遍较差，需要进行修缮。

图 5.21 大中村传统建筑

图片来源：作者实地调研 2015 年拍摄

（3）生态植被

大中村用地是南北两侧高山围合，中部开阔平坦，村寨内有大面积的良田，占整个用地面积的 2/3，将近 1 000 亩。良田按季节不同种植油菜、小麦和水稻，四季有作物。大中村所在谷底的南北两侧均为连绵高山，山体植被以常绿乔木林为主，既是古往今来的防卫屏障，也是大中村的生态屏障。两山之间是走势蜿蜒的白块河，白块河两侧分布了千亩良田。整体景观格局为南北围合，东西开敞。

图 5.22 大中村村前稻田

图片来源：作者实地调研 2015 年拍摄

5.3.7 乐民村

（1）村落概况

乐民村村内道路较为狭窄，进村道路宽度约 3 米，村内主要道路均已实现水泥硬化，除主要街巷外，大部分支巷路面宽度不足 1 米，目前共有民居 500 余栋，村落总建筑面积为 32 180.85 平方米，传统风貌建筑总面积为 15 204 平方米，约占村落建筑面积的 43.67%，其中传统风貌建筑面积为 6 311 平方米，占建筑总面积的 18.12%，保留传统风貌的建筑面积为 8 893 平方米，占建筑总面积的 25.54%，乐民村传统民居依山就势而建，其整体格局紧凑完整，街巷空间及民居建筑保存完好，其现状如表 5.2 所示。

表 5.2 乐民村概况

村落总建筑面积（m²）	传统风貌建筑面积（m²）	居住户数（户）	古井数量（口）	古树数量（株）
32 180.85	15 204	715	5	136

（2）传统建筑

乐民村村落传统古建筑顺应山体地势而构建，其传统风貌建筑面积占总建筑面积的43.67%，多数民居建筑喜坐西朝东，高低错落，文化深厚，现今整个村落的传统风貌建筑群存留较为完好，除却以老寨为中心构建的部分，新建筑和贴砖建筑破坏了一些村落原有风貌以外，乐民村整体传统风貌格局较为完整。在村落中心位置，有明代时期所构建的古所城城墙，内有一条南北分布约160米长的古街，城内有东、南、西、北四处大门；其中南门为古牌坊，其余三门分别为传统街道和古驿道的尽头，自东向西，古驿道长1.2千米，自西而东延伸至西门山口寨，明朝时期构建，文化底蕴深厚；现今除却西山口的段面200余米依然无损外，驿道中部段面已经损坏而被硬化路替代。

（3）生态植被

乐民村内有136株古银杏，景观奇秀，为村寨历代的特色支柱产业，沿村还有当地的植物资源形成主要的绿化廊道，人文历史价值丰厚，生态景观良好。

图5.23　乐民村已翻新的传统街道和古银杏树

图片来源：作者实地调研 2015年拍摄

5.3.8 水塘村

（1）村落概况

水塘村位于水塘镇镇政府驻地北部 1.2 千米处，东临邻园村，南至前所村，西与黄泥田村接壤，北连板桥镇顺居屯，距离片区社区服务中心 50 米，紧邻县道赵威（赵官—乐民威菁）公路。

水塘村全村辖 7 个自然村，14 个村民组，研究范围包含中伍屯和下伍屯，常住人口有 1 500 余人，户数为 500 户，占地面积为 19.2 公顷。主要以汉族居住为主，村庄人均收入 6 140 元，无村集体收入。全村粮食种植以水稻、玉米为主，经济来源以农、林、牧为主，部分居民以打铁为主要经济来源，养殖方面主要有牛、猪和本地土鸡等，受地理条件限制，属自产自销型经济状态。

水塘村依水塘大山而建，房屋以西南佛教名山丹霞山为中轴线，背山面河，多梯田。地势西高东低，地形破碎，属典型的喀斯特地貌，水塘村属亚热带夏湿春旱气候区。

（2）传统建筑

水塘村目前传统风貌建筑占地面积为 1.7 万平方米，约占整个村落建筑总量的 63.16%，现遗存较好的四合院有 7 个，缺一厢房的有 4 个，其中，大门尚存的有 3 个。现存房屋木构架均为原构架，均有不同程度的糟朽。门窗大多数松脱、朽损。李氏院落群南北侧为明代就形成的中伍屯和下伍屯，该村落房屋均为木构架建筑，小青瓦覆顶。始建年代不一，明代的较少，清代和民国时期的较多。现存较完整的四合院有 3 个，传统铁器加工作坊依然遗存着，这些形成了水塘村独特的传统建筑群。

图 5.24　水塘村李氏院子

图片来源：作者实地调研 2018 年拍摄

（3）生态植被

水塘村周边有农田，田畴交错，村落周边成片肥沃的农田形成美丽的大地景观，田园之间交错着树林和竹林，展现出山水、田园、林木、村落一体的景观，体现出坡地村落对地质、气候等自然环境的良好适应，以及对于安全的环境要求。

图 5.25　水塘村文庙

图片来源：作者实地调研　2018 年拍摄

5.3.9 妥乐村

（1）村落概况

妥乐村有一条穿村公路，是通往石桥镇的主要通村公路，现在已改建成旅游观光大道。村内北面连接道路宽度 8 ～ 10 米的柏油路且目前路况较好，与村北面一条为 5 ～ 6 米宽的柏油路相接。传统村落内部的步行道有传统石头堆砌、铺装的古街道和旅游开发建设的防腐木栈道，而木栈道为近期妥乐风景名胜区建成项目之一，与村寨传统风貌较不协调，村内除了大量的传统建筑之外，现有古井 4 口，古树 1 500 余棵，古桥 2 座，古墓 1 座，古驿道 1 条，其历史环境要素丰富。

图 5.26　妥乐村的上马桥、上马桥井

图片来源：作者实地调研 2015 年拍摄

（2）传统建筑

妥乐村内保留了大量的传统建筑，包括寺庙和古民居，明代及明代以前的建筑共 8 栋，约占总建筑的 5.4%，清代建筑 17 栋，约占总建筑的 11.4%，民国建筑 46 栋，约占总建筑的 30.9%。所有建筑的布局都与古银杏树和谐共融，由于古银杏树分布密集，妥乐村的民居建筑大多不设厢房，村寨在古银杏群的掩映下，若隐若现，凸显了古树与村寨的完美结合。

（3）生态植被

妥乐村的自然景观以广泛分布的古银杏树为主要特征。村落内部及周边山体分布有成片的银杏林，上百年树龄的银杏超过 1 500 棵，1 000 年树龄以上的银杏有 100 多棵。银杏是新生代第三纪冰川运动留下的孑遗植物，也称活化石植物，因此妥乐村有“世界活化石基地、中国古银杏之乡”的美誉；同时与茂密的罗汉松林共同构成了南北呼应、阴阳契合的自然景观序列，整体绿化景观生机盎然，生态良好。

图 5.27　妥乐村的银杏树

图片来源：作者实地调研　2015 年拍摄

5.4 传统建筑资源评估

5.4.1 天门村建筑群分析

（1）建筑概况

天门村的新寨、大寨、小寨三地各自成片，总体建筑机理较为合理，建筑风貌基本协调统一。三个村落因各自地形条件差异呈现出不同的空间机理。新寨村位于坡地上部，建筑布局依托地形呈线型自由布局，形成多局台地，建筑之间交错自由，公共空间灵活分散。从建筑整体来看，主要以三层的吊脚楼建筑为主。布依族生活在低热的河谷地带，温度较高，空气潮湿，吊脚楼为全木结构，通风干燥，适宜居住。同时结合自身生产生活的需要形成了独具民族特色的干栏式木房，既可防虫蛇猛兽之害，又可避免潮湿，底层可以圈养猪牛，堆放农具，而上层则生活居住。全村建筑整体布局依山就势，根据地形坡度变化村落内部被划分为多层台地，台地与台地之间通过台阶连接。台地关系错综复杂，层次分明，具有极大的空间美学价值。

（2）建筑年代

整个村寨是布依族传统抬梁穿斗式式建筑风貌，其传统建筑主要在20世纪70～90年代修建的建筑。小寨、大寨、新寨相对比，其中小寨建于20世纪70～90年代修建的建筑数量最多，大寨、新寨的部分建筑建于20世纪90年代以后。建筑年代的具体分析如表5.3所示：

表5.3　天门村建筑年代数量统计表

数量（栋）	新寨	大寨	小寨	合计
20世纪70～90年代建	36	35	39	110
20世纪90年代后建	14	10	6	30
合计	50	45	45	140

（3）建筑风貌

天门村中传统建筑的层高分别有一层、二层、三层的木质吊脚楼为主。村落中一层的建筑在新寨、大寨、小寨分布数量相近，二层的吊脚楼在新寨偏多，小寨拥有量较少，三层的建筑分布在小寨较多。目前村内传统建筑的层高分析表具体如表5.4所示：

表 5.4　天门村建筑层数分类表

数量（栋）	新寨	大寨	小寨	合计
一层	10	12	10	32
二层	16	11	3	30
三层	24	22	32	78
合计	50	45	45	140

（4）建筑单体分析

天门村建筑以木结构为主，主要为四排三间三层和三排两间两层的阁楼结构建筑。建筑的功能分区大致分为底层、二层、阁楼，三层空间分布，底层的功能是圈养牲口以及堆放农业生产工具和天然有机肥等；二层主要是满足村民日常生活中吃饭、睡觉等功能；阁楼主要用于储放玉米、马铃薯等生活物资，也有用于晚辈的卧房等，主建筑旁会建储藏稻谷、大豆等生活物资的仓库。外墙类型多样，抬梁穿斗木结构、全原实木板墙体，双坡悬山瓦屋顶，屋脊正中设瓦猫。传统民居的墙体采用木板维护，使用原木色，板壁装饰工艺采用直装和横装两种。门窗材料多采用当地盛产的枫香、椿木、青冈树板，样式设计较为简陋。

5.4.2 高兴村

（1）建筑概况

高兴村依托传统的巷道空间机理，通往各户的道路为 1.5 ～ 2.5 米，以当地石板或石子铺设。陇戛寨建筑风貌基本统一，多为居住建筑，有生态博物馆、村委会、公共厕所等公共建筑。村寨内共有 127 栋民居建筑，占总建筑的 98%，建筑建设年代大概从清朝初期到 2000 年，多为一层，三开间（或二开间）平房。

（2）建筑年代

整个村寨是典型的苗族传统建筑风貌，其传统建筑主要体现在清代建筑、民国建筑以及少部分现代建筑，对比陇戛寨、小坝田寨、高兴寨和补空寨，其中陇戛寨建于民国时期的建筑数量最多。建筑年代的具体分析如表 5.5 所示：

表 5.5　高兴村建筑年代表

建筑年代	数量（栋）	占地面积（㎡）	比例（%）
清代时期	22	1 057	15.46
民国时期	68	1 884	27.36
现代	37	633	9.46
合计	152	6 836	100

（3）建筑风貌

高兴村传统建筑的层高分析。高兴村中传统建筑的层高分别有一层和二层的单体建筑，目前传统建筑的占地面积和层高分析表具体分析如表 5.6 所示：

表 5.6　高兴村建筑层数分类表

建筑层数	数量（栋）	占地面积（㎡）	比例（%）
一层建筑	73	636	9.3
二层建筑	79	6 200	90.7
合计	152	6 836	100

（4）传统建筑的质量分析

高兴村陇戛寨为本书研究的对象之一，陇戛寨的传统建筑质量较好，占整个村传统建筑面积的 48.01%，传统建筑质量一般的占整个村传统建筑面积的 38%，质量较差的传统建筑面积占整个村传统建筑的 13.98%，具体分析如表 5.7 所示：

表 5.7　高兴村建筑质量分类表

建筑质量	数量（栋）	占地面积（m²）	比例（%）
建筑质量较好	35	3 282	48.01
建筑质量一般	77	2 598	38
建筑质量差	40	956	13.98
合计	152	6 836	100

（5）传统建筑单体分析

高兴村传统建筑结构大多为木结构建筑，少数为砖石建筑，具体分析如表 5.8 所示：

表 5.8　高兴村建筑结构分类表

建筑结构	数量（栋）	占地面积（m²）	比例（%）
草木土房	23	6 596	96.49
木制房	11		
石头房	53	240	3.51
砖混房	40		
合计	152	6 836	100

5.4.3 长湾村长田组

（1）建筑概况

长湾村在物质文化遗产方面主要现状为石砌结构传统建筑。在长田组传统村落中石砌结构建筑在该区域比例 95% 以上，部分建筑有上百年历史。目前村寨人口逐年减少，大部分房屋已经弃用，仍在使用的传统建筑只占 10%。剩余的传统建筑没有经过维修，80% 以上建筑都存在不同程度的破坏。长湾村传统村落现共有各类传统民居 42 栋。在古村落中砖石结构建筑在该区域比例 95% 以上，部分建筑有上百年历史。目前仍在使用的传统建筑比例仅占 10%，大部分传统建筑已经荒废，都存在不同程度的破坏。

（2）建筑年代

长田组在元朝为习安州，明朝时为西堡副司，清朝时为郎岱厅岁稔里，民国属郎岱县乐善镇管辖。中华人民共和国成立后，先后属郎岱县落别二区、六枝特区落别区，六枝特区落别布依族彝族乡。

民国时期属郎岱县乐善镇管辖的长田，中华人民共和国成立后，1949 年至 1992 年属郎岱县后为六枝特区落别区长湾村长田组，1993 年至今属落别布依族彝族乡管辖的长湾村长田组。

建村时间始建于何时，仍无准确资料考证，但从一些地名和多年的一些出土文物验证和老一辈人的传说，大约在明代洪武时期就有人在此地安家落户。

综上所述，长田组的建筑按朝代可分为明代建筑、清代建筑、民国时期建筑、近现代建筑。

（3）建筑风貌

历史建筑、传统建筑保持其原高度不变，在核心保护范围的建筑高度控制在 6 米（两层）以下，建设控制带的建筑高度控制在 9 米（四层）以下，新建建筑不得遮挡后面的建筑。同时重要历史建筑的周边环境必须保持传统风格。这些历史建筑周围的建筑物高度应根据视觉等方面的要求另行规定。保护长湾村长田组现有各条巷道的视廊，确保景观走廊交互的有效性。保护周围山脉的绿地和庄稼以及村庄周围的乡村风光。

（4）建筑单体分析

长湾村传统建筑多为单体一层建筑，少数为二层。民居建筑依山而建，三五成群建筑在一个平面上，依据地势的高低形成阶梯状排列。建筑主要为砌石结构建筑和双坡歇山青瓦顶建筑。

长湾村砌石结构建筑，堪称“石头王国”，大部分为三开间形式，中间较大的是堂屋，两侧的房屋分别是卧室和厨房。

5.4.4 鹅毛寨村

（1）建筑概况

鹅毛寨村居民典型建筑物是以木结构瓦房建筑式样为主。多为单体一层、二层建筑，还有部分的四合院。正房三间（中间为正房，设有家神及供柜，为议事场合），正面窗子、房檐等木结构，有的人家窗檐花纹雕刻精致、文雅优美，入户仅有一道进出口即朝门，安全性极强，功能设计完善。目前传统风貌建筑占地面积为 60 177 平方米，约占整个村落建筑总量的 65%，传统院落约 180 个，目前保存基本完好。

（2）建筑年代

鹅毛寨村整个村寨建筑以土木质抬梁穿斗式式建筑风貌。其传统建筑现存最早的可追溯到民国时期，村落内大部分建筑主要修建于 1950—2000 年，并建有部分的四合院坐落在村落的中央。2000 年以后修建的建筑也分散在村落的各角落。该村建筑年代的具体分析如表 5-9 所示：

表 5-9 鹅毛寨村建筑年代表

分类	建筑面积（m²）	比例（%）
民国时期	3 795.78	4.1
1950～2000 年	80 822.3	87.3
2000 年以后	7 967.92	8.6
总计	92 580	100

（3）建筑风貌

鹅毛寨村中传统建筑分别有一层、二层、三层的土木质抬梁穿斗式式建筑。村落中建筑内部主体为木质结构，部分山墙多为石块堆砌而成。民国时期及 2000 年前修建的单体建筑或是四合院，其外立面依旧沿用石块堆砌的整体风貌，而 2000 年后修筑在结构和外墙都采用水泥河沙、红砖、瓷砖等材料。目前村内传统建筑风貌占建筑面积的分析表具体如表 5-10 所示：

表 5-10 鹅毛寨村传统建筑风貌占建筑面积情况表

分类	建筑面积（m²）	比例（%）
传统风貌建筑	60 177	65
风貌协调建筑	24 441	14.2
风貌不协调建筑	7 962	8.6
总计	92 580	100

（4）建筑单体分析

鹅毛寨村传统建筑多为一层，少数为二层、三层。居民依山而建，寨中有少量的四合院建筑。鹅毛寨村中的四合院，建筑基本包含一正房、两耳房，厢房都是梁构架，悬山顶，房屋结构较为完整，房屋内部保留着原有传统民居室内格局，正房一层为客厅、厨房、二层为杂物堆放、一耳房一层居民居住，二层闲置，另一耳房一层为牛舍牲畜棚，二层为居民居住，富有干栏式建筑特色及黔西民居特色的地域性多民族民居特点。

5.4.5 陆家寨村

（1）建筑概况

布依族人崇尚自然，建筑喜傍水而建，陆家寨村的民居建筑沿山间河流随山势布局，村落内建筑形式丰富，既有年代久远的木结构民居，也有近几年修建的砖混结构建筑。村寨内建筑共 147 栋，现保存较好的传统建筑较少，明清及明清以前的建筑共 10 栋，占总建筑的 6.8%，民国时期的建筑 10 栋，占总建筑面积的 6.8%。现状中传统建筑的质量较差。

（2）建筑特征

陆家寨村以木结构建筑为主，木结构民居布局较灵活，有的顺应地势采用吊脚楼形式，有的为建于平地石基之上的穿斗式建筑，木结构建筑由于破损严重，现大多用来堆放杂物和饲养牲畜。

村寨还保存着 12 个粮仓，其中木结构的 5 座，现已确定实施保护的具体粮仓分别是 L-1 粮仓、L-6 粮仓、L-4 粮仓、L-10 粮仓和 L-11 粮仓；混凝土结构的 7 座，分别是 L-2 粮仓、L-3 粮仓、L-5 粮仓、L-7 粮仓、L-8 粮仓、L-9 粮仓和 L-12 粮仓。

（3）建筑单体分析

陆氏民居：位于大寨中部，建于 20 世纪 80 年代，是陆家寨村保存较完好的传统建筑。建筑保留了传统的木结构构造，堂屋两侧房间的外墙后期采用石砖围护。主体建筑设有两层，下层供人居住，上层堆放杂物，房屋为三开间穿斗式木结构，坐西北朝东南，悬山式坡屋顶，覆青瓦，正脊两侧鳌尖并中设腰花。院落东、西层分别有一栋厢房和一座粮仓，厢房现用作饲养牲畜和堆放杂物，粮仓依然正常使用。

粮仓：陆家寨村现存保留下来的12座粮仓均紧邻民居一侧修建，四角柱子落地，底层架空，粮仓壁板穿过立柱两侧的板槽，横向插入，形成箱式的储藏空间。年代比较久远的粮仓多采用悬山式坡屋顶，新建的粮仓采用混凝土材质的平屋顶。

5.4.6 大中村

（1）建筑概况

村落的传统格局主要是外部封闭，内部联通，内部街巷形成网络，在主要街巷的重要节点设置龙门，构成较强的防御性。建筑单体外墙采用石块堆砌，在村寨内部设置碉楼，碉楼与建筑院落内部相连。建筑分片区布置，以三条主要街巷为分界线，各建筑群内部院落相互联通，在村寨不远处的山体上还设置有营盘，大屯组的传统格局是结合当地特定环境的加以改进形成的城堡碉连结体式。虽有部分村民对农房已拆旧建新，但建设位置大多沿用老宅地基，传统“街巷—建筑群—院落”所构成的空间序列依旧可见。

（2）建筑风貌

民居建筑是古村寨防御体系的基本组成单元。民居平面布局采用三合院、四合院和单体三种，院落平面整体从中轴线左右设有厢房。分布在中轴线上的房屋多为三、五开间，且地基高于左右厢房或者门房，左右厢房相对中轴线对称。房屋结构基本是穿斗式悬山顶的建筑样式，房屋用青瓦盖顶，山墙和后墙为石墙。木、石构件有精美雕刻，柱础、门楼、门窗等是主要装饰部位，

有较高的研究价值和观赏价值。

（3）建筑单体分析

邓家四合院：该建筑位于大屯主要巷道一侧，占地面积约470平方米，建于清朝年间，包括堂屋、左右厢房、偏厦以及一座碉楼。堂屋坐立于六级台阶之上，五开间穿斗式木结构，面宽约18米，进深约12米，悬山式坡屋顶，覆青瓦，正面北侧外墙为实质木板，木质窗棂，另外三面外墙均为石块堆砌围合，堂屋西侧建有一座十多米高的碉楼，外墙设有枪口，堂屋西南角设有一通道通向碉楼。堂屋靠碉楼一侧山墙外刻有图腾，窗户呈漏斗形，外窄内阔，俗称“猫儿窗”。西厢房面宽约16米，进深约6米，东厢房面宽约10米，进深约7米，设有两层，一层为石质裙板和木质窗户结合的外墙结构，二层设有走廊，木质栏杆保存良好，西厢房西南处有一石拱门，为该四合院的主要入口。

陈氏四合院：该四合院位于大屯村寨的中心位置，占地面积约380平方米，南侧为明清时期相继修建的两组三开间堂屋，堂屋均位于五级台阶之上，穿斗式木结构，悬山式坡屋顶，覆青瓦，院落外墙为石质裙板（约一米高）和木质窗户结合的外墙结构，设有两层，每组堂屋一侧均建有一所厢房，厢房面宽约12米，进深约4米，部分设有两层，东侧厢房设有一座龙门，可与四合院北面的巷道相连，西侧厢房西北角有一石洞，巷道较狭窄，不足一米宽，可通至其他民居后院。

5.4.7 乐民村

（1）乐民村建筑概况

乐民村传统建筑顺应地势而构建，多数民居建筑喜坐西朝东，高低错落。现今除却以老寨为中心构建的部分新建筑和贴砖建筑破坏了一些村落原有风貌以外，乐民村整体传统风貌格局较为完整。

（2）建筑年代

乐民村内保留有最早的有建于明代的民居建筑，也有建于清道光末年，年代较早的建筑主要集中于村子南部，原千户所位置，其余大部分为20世纪50年代新建建筑，分布于村寨各处。该村建筑年代的具体分析如表5.11所示：

表5.11 乐民村建筑年代统计表

分类	建筑面积（㎡）	比例（%）
民国时期	850.00	4.1
1950～2000年	18 150.25	87.3
2000年以后	1 800.25	8.6
总计	20 800.5	100

（3）建筑风貌

乐民村传统的建筑风貌，在年久失修破损严重的建筑结构和外立面都能够反映出村落的传统历史文化特征。村内传统风貌建筑面积约6 311平方米，占总建筑面积的18.12%。目前村落部分建筑在对破坏严重的地方，局部使用水泥河沙和红砖瓷砖等不断维修，但局部结构依然保留有该村落历史文化的痕迹，但是在建筑的外立面与传统建筑的外立面存在不同的差异。如青瓦、屋脊装饰、屋檐构造等。村内保存部分传统风貌建筑面积约8 893平方米，占总建筑面积的25.54%。历史风貌基本协调的老建筑或新建筑，包括外观面貌已严重残损的老建筑（历史风貌特征无处可寻），村内风貌协调建筑面积约 2 639 平方米，占总建筑面积的 7.58%。村落中现代建筑和传统历史建筑风貌特征有较大的冲突，新建的建筑在建筑高度、建筑层高、整体风格、外墙色彩、建筑体量等和传统民居古建的风貌在整个村落环境内协调性弱，新建建筑多采用当下技术和材料进行建造。形成村内风貌不协调建筑面积约 16 977 平方米，占总建筑面积的 48.76%。目前村内建筑风貌占建筑面积分析具体如表 5.12 所示。

表 5.12　乐民村建筑风貌统计表

分类	面积（m^2）	比例（%）
传统风貌建筑	6 311	18.12
保存部分传统风貌建筑与传统风貌协调建筑	8 893	25.54
与传统风貌协调建筑	2 639	7.58
传统风貌冲突建筑	16 977	48.76
合计	34 820	100

（4）建筑单体分析

乐民村民居保持着合院的形式，屋面主色系以灰色及浅灰色色系为主，多为一字排屋或三合院及四合院等传统建筑格局，面房多采用穿斗式梁架，硬山式屋顶，一层作为住房，二层多为堆放粮食或杂物。整体民居建筑群根据台地自然组合，大门、梁、枋、门和窗等做工精细，雕刻的图案古朴大方，充分显示了房屋主人深厚的文化素养和殷实的家庭生活。乐民村的传统建筑可提供给人们对该地区独特的建筑样式的认识。

5.4.8 水塘村

（1）建筑概况

水塘村的传统建筑体现该村落传统文化内涵，并形成该村落的建筑景观核心区。建筑形式多为穿斗式梁架，硬山式屋顶，传统建筑文化鲜明。房屋以木料的柱梁为支架，瓦顶，墙体多为木料墙或砖砌墙，各四合院的正房开间一致，层高也各不相同，开间分别有三开间、五开间、七开间几种，分布在两侧的厢房也不相同，但都为两层建筑。当地称大门为龙门，龙门的样式为门楼式建筑，龙门的瓜柱为精工细雕的镂空雕，精美的镂空雕体现出当地传统建筑技艺的精湛。

（2）建筑年代

水塘村内建筑保留有最早建于清嘉庆年初，也有最晚建于清道光末年。年代较早的建筑主要集中于村子西北方向，其余大部分为20世纪50年代新建建筑，主要集中于临镇区区域。水塘村建筑年代的具体分析如表5.13所示：

表5.13　水塘村建筑年代表

分类	建筑基地面积（m^2）	建筑面积（m^2）	比例（%）
清代时期	5 907	11 615	41.62
民国时期	3 157	6 013	21.55
20世纪50年代	3 289	7 178	25.72
其他	2 664	3 102	11.12
总计	15 018	27 908	100

（3）建筑风貌

水塘村传统村落的现状建筑风貌从传统建筑风貌、风貌协调建筑、风貌不协调建筑进行分析。传统的建筑风貌，在年久失修的破损严重的建筑结构和外立面都能够反映出村落的传统历史文化特征。村内传统风貌约17 628平方米，占总建筑面积的63.16%。目前村落部分风貌协调建筑在对破坏严重的地方，近年来局部使用水泥河沙和红砖瓷砖等不断维修，但局部结构依然保留有该村落历史文化的痕迹，但是在建筑的外立面与传统建筑的外立面存在不同的差异，如青瓦、屋脊装饰、屋檐构造等。目前村内建筑风貌具体分析如表5.14所示：

表5.14　水塘村建筑风貌统计表

分类	建筑基地面积（m^2）	建筑面积（m^2）	比例（%）
传统风貌建筑	9 065	17 628	63.16
风貌协调建筑	3 289	7 178	25.72
风貌不协调建筑	2 664	3 102	11.12
总计	15 018	27 908	100

（4）建筑单体分析

①李氏四合院：李氏四合院在总体格局上是由正房、左右厢房组成的四合院。少数四合院布置照壁在正房的对面，因为西边的两个四合院前有高坎，所以其正面是敞开向外的，而剩余的四合院都是由房屋后檐墙、山墙、大门墙或影壁（照壁）围合而成。院内的正房、厢房都是两层的建筑，但面阔有三、五、七间的，高度也各异，大门朝向也各不相同，有的朝东，有的朝北，有的朝南，但正房都是向东且所有四合院是一个独立的建筑文化单元。院子里所有建筑都是悬山顶，穿斗式架构建筑，工艺更细

致，前檐装饰风格精美。大门（当地称龙门）都是门楼式，利用朝南房子的房檐升高，处理建造屋顶。北向、南向的都是做成悬山顶式。门楼垂瓜和门墩分别为镂空雕和须弥式做法。两门的门额上挂有悬匾，分别是“进士”匾和“武魁”匾，都颁制于清光绪年间，其台明、踏步、地坪等石作技术精湛，至今都是完美无缺。门的做法符合宋法式规范，腰华板都是镂空雕刻的，浮雕在涤环板甚多，有各式各样的槅扇，且有透雕装饰于中部。雕刻图样丰富多样，当中有显示明代文治武功的内容。李氏院落内部相互联通，垂直方向（西东方向）有三组六个四合院前后通行，除了在横向（南北方向）上的西端的两个四合院外因地势不通以外，剩下的都可以通过侧门或大门连接，纵向相通的四合院不分前堂后室，正房地位也是不变，其整体空间格局呈现出当时建造者精湛的工艺。

②李氏宗祠：李氏宗祠位于李氏院落群前面（东面）30 米处，为一封闭式四合院，始建于清光绪三十四年（1908 年），1929 年重修。总占地面积约 610 平方米，总建筑面积约 916 平方米。大殿和两厢房均为抬梁式梁架，悬山式屋顶，各为二层。大殿通面阔 23 米，通进深 9.7 米，高 7.6 米，就单体体量而言，在盘州市古建筑中属少见。民国后期，宗祠作为学校使用，房屋前檐装修依旧存在。1949 年后，宗祠一段时期作为学校，一段时期作为区、乡办公场所，在交替使用中，前檐装修被改造得面目全非。整个院落尚完整，构架仍存，但柱、檩、枋、椽槽腐朽较严重，右厢房已成危房。

图 5.28　水塘村李氏院子损毁的建筑

图片来源：作者实地调研　2018 年拍摄

③普福寺院：普福寺位于盘县丹霞镇水塘村上伍屯营盘山麓，始建于明崇祯年间，布局为三进四合院式，前为关圣宫，中为大土庵，后为佛殿，三个院落渐次升高，别具一格。因岁月流逝，几经沧桑，普福寺庙倒塌失修，前殿拆出改建，仅有中殿、后殿尚存，但已失原貌，唯有寺内的紫荆花树直径 110 厘米，树围 340 厘米，高约 7.8 米，在盘州市极为少有。

5.4.9 妥乐村

（1）建筑概况

妥乐村的民居建筑多沿等高线布局、基础层层上升的排屋形式为主要分布特征。其建筑群与银杏树相互交错在一起，对面山体两侧的山势明显看出其建筑与地形等高线相互呼应。在建筑的东侧还设有院坝，院坝前后均种植有密集的古银杏，呈现出排屋层叠与树伴人家的独有格局。

妥乐村的建筑结构以木结构穿斗式为主，随着时代的不断变迁，出现了部分砖木结构。妥乐村的建筑多为居住建筑，有少数的公共建筑和公共服务设施。建筑以两层为主，部分为三层及以上。大部分建筑均是传统风貌建筑，有少部分砖混材质的建筑。

（2）建筑年代

妥乐村内保留有大量的传统建筑，包含寺庙及古民居建筑，所有建筑与古银杏树的布局都能很好地处理其之间的关系，因古银杏树较为集中，所以妥乐村民居建筑大多数不设有厢房，这样村寨在古银杏群的相互掩映下，若隐若现，展现了古树与村寨的相互融合。妥乐村建筑年代的具体分析如表 5.15 所示：

表 5.15　妥乐村建筑年代统计表

年代	数量（栋）	占总建筑面积（%）
明代及明代以前建筑	8	5.4
清代建筑	17	11.4
民国建筑	46	30.9
合计	71	47.7

（3）建筑风貌

妥乐村传统建筑分布范围较广，其中建筑共 126 栋，传统建筑有 88 栋，占总建筑的 70%。现有的传统建筑风貌较为完善，但是建筑质量较差，需要进行修缮。该村的建筑风貌具体分析如表 5.16 所示：

表 5.16　妥乐村建筑风貌数量统计表

建筑类型	数量（栋）	占总建筑面积（%）
传统建筑	88	70
其他建筑	38	30
合计	126	100

（4）建筑单体分析

妥乐村传统建筑主要有一字排屋和四合院两种，其中以一字排屋为主，以四合院为辅。一字排屋为妥乐居民常常采用的一种建筑形式，三开间为一字排屋的基本单元，随家族的不断发展和壮大，在其建筑的左右两侧分别扩建，形成一个长形平面，四合院的分布较少。

建筑层数大多为两层，一层主要为居民的居住活动空间，二层则为储藏空间。多数还另设“地间”，作为饲养牲畜空间。因此大多建筑都设有石材基座，台阶与院前平地相接与周围环境相互协调。

妥乐村的传统建筑材料主要包括木材、石材、夯土、砖、小青瓦等。木材为主要建筑主体支撑材料，石材主要用于地基处理和地间建造使用，屋顶都为小青瓦。历史久远的民居建筑的主柱截面为正方形倒角截面，别具特色。檐口装饰较为简单。其中，最为典型建筑为：

①路氏长屋：路氏长屋位于村寨西南部的坡地，是妥乐村内最长的建筑，该建筑坐西朝东，共有 9 开间，陆续建于不同的年代，最早的祖屋历史可追溯到明代。建筑主体结构为穿斗式木结构，悬山坡屋顶，覆青瓦，正脊两侧鳌尖并中设腰花，建筑山墙

和后墙的维护结构为夯土和竹篾。墙窗均为实质木板，无窗花。

②西来寺：西来寺始建于1632年，与盘州市水塘镇丹霞山护国寺并称古盘州两大名寺庙。西来寺位于村前妥河东岸山坡上，坐东朝西，占地面积600多平方米，为一组四合院建筑，主体建筑为前后两幢面阔三开间穿斗式木结构的殿堂，屋顶为单檐歇山顶，小青瓦覆盖，正脊吻兽制作精美。殿前有一株千年古桂花树。

③张氏四合院：张氏四合院位于村后山坡较高位置，该处地势较为平坦，为两进院设置，穿斗木结构，该建筑初建于明代，坐落于四阶石板台阶之上，也是村内历史较为久远的民居建筑。建筑为悬山式坡屋顶，覆青瓦，主体建筑为三开间穿斗式木结构，明间略高于次间，正脊两侧鳌尖，厢房设有两层。房前屋后古银杏分布密集。

5.5 历史人文资源评估

5.5.1 天门村

（1）台地与阶梯历史价值

天门村内大寨、小寨、新寨建筑群依据地形布置，建筑底部以石块垒成一个个台地，用以隔绝湿气及动物昆虫。在立面上自上而下层层递进，形成台地式景观。由于地形落差，一级级的阶梯也成为居民日常中生活重要的保障。

（2）古树、植被自然环境评价

天门村内有多棵古榕树，是水城县重点保护植物。天门村民居庭院内外随处可见芭蕉与竹子等典型植被。传说布依族古代曾用竹子盖房、芭蕉叶盖顶，竹也成为布依族的图腾崇拜。古树、植被体现了天门村独特的民族文化和丰富的原生态林业文化，是布依族文化的精华浓缩。

图 5.29　天门村大寨古榕树

图片来源：作者实地调研　2015 年拍摄

（3）生产、生活器具

随着社会的进步和时代的发展，有些原有的生产、生活器具逐渐被淘汰，但这些生产、生活器具在当时发挥的作用仍留在人们的记忆中，有的工具成为文物被人们保存下来。如天门村的织布机，在该村同样起着作用，村民在织一些特别的布料时依旧靠这一生活器具。

织布机：布依族自种棉花、自栽蓝靛，运用传统工艺加上古老的织布机纺织传统的民族服饰。

图 5.30　天门村传统织布机

图片来源：作者实地调研 2015 年拍摄

火塘：又称“火坑”，是在房屋内用土铺成的 1 平方米的土地，是居民在家中取暖、照明、做饭乃至人际交往、聚会议事的重要场所。每年居民都要进行火塘祭祀，祈求家人平安。

石磨：布依族人将小麦用传统石磨来磨制面粉，制作各种食材，石磨现今保存较多。

（4）族谱、地契的历史文化价值

天门村内保存有大量族谱、地契，这是研究布依族文字、历史及基层社会法律秩序基本构成的珍贵文献。

5.5.2 高兴村

（1）村落历史价值评价

高兴村已有近千年的历史，是由苗族先人迁入形成，落居这一地区已有近六百年。村落坐落在山水之中，周围植被丰富，植物种群繁多，拥有丰富而珍贵的物质与非物质文化遗产，有着独特的历史风貌和自然格局，是传统古村落选址营建的典范，空间环境均体现了较高的历史价值。

（2）村落文化价值评价

高兴村作为苗族文化风情最浓郁的苗寨之一，其苗族传统建筑群巧夺天工，极具吸引力，建筑与自然融为一体。民族活动也是苗族文化的缩影，苗族民间歌舞，传统节日的民俗习俗至今仍然保留沿袭至今。

（3）村落科学与艺术价值评价

高兴村依山就势、适应地形，该村为半岛式布局，结构完整。其建筑为苗族村庄的特色，保存有大量具有地方特色的建筑元素，如：木制建筑和铺路石。村庄的整体景观是传统村落可持续发展模式的体现，从整体结构到建筑风格，都具有很高的科学性和艺术价值。

（4）村落社会与经济价值评价

高兴村是典型的苗族村落，长角苗所有的风俗在此基本上都能看到。这个神秘、简单的村寨的生态文化是独一无二的，且苗寨人原始、古朴、原汁原味的传统生活方式至今还在一代又一代地继续进行活态传承。

5.5.3 长湾村长田组

（1）历史价值评价

长湾村长田组自明代洪武期距今已有600多年历史，历经时代变迁村落依旧保持原有的风貌，有着独特的历史风貌和自然格局，布依族同胞对于村落的建设选址、建造格局体现得淋漓尽致，在时间和空间环境均体现了较高的历史价值。

（2）经济价值评价

落别乡的总体规划中，长湾村处于特色文化板块。规划以落别乡为旅游服务设施中心，依托洒耳风景区等旅游资源，在现有的少数民族村落和民族文化节事活动的基础上，深入挖掘地方民族文化特色，打造以布依族民俗体验为主题的特色文化旅游板块。长田组的布依族特色建筑和文化将成为该区典型布依族旅游村寨，发挥旅游经济效益。长湾村的基础设施及公共设施正在逐步改造提升，将为吸引更多来自省内国内甚至海外的大量游客提供设施支撑条件，从而带来可观的旅游收益，故具有较高经济价值。

5.5.4 鹅毛寨村

（1）民族文化

鹅毛寨庙会属民间信仰（宗教信仰），地处盘州市保田镇西面（鹅毛寨村大寨），该寺庙已有100多年历史，寺庙现有人员8人，通村公路贯通，交通便利。在村民多年的辛勤劳碌支持下，该寺庙世代相传，周边百姓以祈求“平安幸福”来这里，向寺庙内观音菩萨进香、烧纸、跪拜求福相传百年。近20多年来，寺庙与周边群众形成每年农历二月十九、六月十九、九月十九的“观音会”，十七日起经、十八日念经、十九日了经，做会3天，居士信众与寺庙主持一起念经（药师经、地藏经、金刚经等），向观音菩萨进香、烧纸、点香（或蜡烛）、吃斋饭等，祈祷观音菩萨保佑自己和亲人长寿、平安、幸福。

民间信仰寄托着人们对命运的期望和对人生的关注，正确的宗教信仰能指导、修正、支配着人们的社会生活和精神生活。良好的思想道德信仰是净化不良社会风气的助推器，对稳定、和谐、健康社会环境的营造具有积极的促进作用。

（2）红色文化

1935 年 4 月 23 日夜中国共产党领导的中国工农红军一方面军第三军团，在彭德怀、杨尚昆等领导人的率领下，从贵州省普安县旧营过楼下河，到达盘县（今盘州市）境内的三官营、祭山树、普田、上保田等地，三军团宿营在鹅毛寨，这为鹅毛寨留下了宝贵的红色遗迹。

5.5.5 陆家寨村

陆家寨村保存的布依族文化相对完整。村内的历史文物资源包含着丰富的历史文化信息，充分体现了当地传统民俗风情。村落中各项资源体现了该地区明清以来居民的传统生活方式和文化特征，有很高的历史价值。

陆家寨以农为本，人树相依、屋树相伴的场景，展现了典型的乡里人家概念。具有极高的艺术价值，多年来已经形成了艺术家创作基地氛围，得到了摄影家、画家和诗人的高度赞誉，2011 年陆家寨被命名为盘县（今盘州市）“文学、艺术、美术、书画”创作基地，具有很高的艺术价值。

陆家寨的 50 棵古榕树，每棵至少存活 600 年以上，是植物的活化石。村落拥有丰富的非物质文化遗产，其建筑与山坡地形契合巧妙，建筑与山水关系和谐，在历史记录、植物科学、民族文化和民族服饰的研究、民族乐器的演奏、建筑选址等方面具有较高研究价值。

5.5.6 大中村

大中村是目前为止保存相对完好的屯堡村寨，是明代屯堡遗存的典型代表。反映了明代为实现一统大业，在滇黔古道上建立的军事要塞与当地居民互相融合的发展历史。大中村以其传统村落格局、物质文化要素和历史环境要素构成了一个独特的历史和人文环境，反映了明代以来在屯堡文化中产生的物质生产、生活方式、观念习俗和社会趋势等，同时也记录了大中村乃至盘州市的历史发展信息。大中村蕴含的丰富历史信息，可以印证和补充文献记载中的有关史实。大中村是我国现存的独特的防御性屯堡的范例，是我国军事史、建筑史、艺术史的珍贵例证。同时较好地展现了明代建筑文化和建筑工艺。

大中村的传统民居体现了具有丰富地域特色。建筑内部空间的装饰技术，反映了该村丰富的传统文化，为了解传统民居的文化内涵提供了丰富的信息，典型的村庄布局反映了盘州地区的乡村景观，一种源于传统风水理念与军队、农业生活的实际需求的结合，具有较高的审美价值。村落内部建筑和街巷均以石村为主，结构、材料和施工工艺代表了当时当地的建筑成就，整个村寨的营造是古代建筑技术与艺术融合的典范。

5.5.7 乐民村

乐民村历史人文资源丰厚，明洪武初年村落形成后，被人们发现并开发保护的古银杏树有 160 余株，同时村内还有古城墙、古井、古驿道等传统风貌建筑构筑物，村内还有起源于清代举人杨元奎的木工技艺和嫡传三代的胡琴曲艺、清代李姓曲艺文化，这些历史人文要素勾勒着乐民村历史人文脉络，传承着一代代人的民族精神，诉说着明代以来的悠悠岁月，具有较高的历史人文价值。

5.5.8 水塘村

水塘村为明代屯军的一个驻点，明代主要居住汪、李、朱、陈等姓氏。李家大院在窗雕梅花、大旗、灯台、警钟的遗迹反映了明代屯军的这段历史。

（1）中医文化

李氏中医药是盘州市丹霞镇水塘村李氏家族传承发展的传统中医药。在明朝，李氏世袭千户、百户二职，家传武艺的同时，十分重视文化教育，族中多秀才贡士。因受儒家思想影响，清代多不出仕，从而经商耕织，或以教书行医为业，其认为身体发肤受之父母，宜重医护，医是仁术，事亲爱子者不可不知医。李氏文人多知医，形成了李氏独特的中医环境。李氏中医无门派之分，既勤求古训，亦博采众长。据初步统计，现保存完好的中医药手抄本有《幼科仙方便览》、陈修园先生《新增七十二种医书》上部卷十、十一和下部卷一、卷五、《外科证治上》《四圣贤书》卷一至四、《温病条辨》、陈修园先生评论的《景岳新方八阵》《女科要旨》。

（2）神话传说

水塘村的神话传说较多，如传说一只金鸡口衔铜梁从天飞来，飞在郭瑞峙山，一位僧人便跟着来到现在的盘州市丹霞镇的丹霞山，而决定在瑞峙山建庙时，金鸡衔铜梁飞至赵官三膀子（一座山上），使该山摇动不定，后称该山为摇动山。金鸡又衔铜梁飞到丹霞山顶，待密林中两虎坐守铜梁两侧后，弃梁而飞。僧人到达山顶，把铜梁铸成祖师殿大梁和一尊真武祖师铜像，一口铜钟，建成庙宇。一天夜里，铜钟飞入木龙潭，与潭中老龙决斗，将老龙的角打断，导致老龙出血化脓变成洪水在龙潭中猛涨三天。老龙只得用木桩做成被打断的角安在头上，所以称木龙。待庙里僧人复见铜钟时，钟身有非常多的青苔，断龙角一直被视为神钟并传为神话。

（3）宗教文化

水塘村主要信仰佛教，以丹霞山护国寺为代表，至今香火鼎盛，每年三月赶丹山，滇、桂、川、黔及东南亚各国均有香客来此朝拜，为我省佛教界重要的佛事活动中心，已成为盘州市一枝独秀的旅游胜地。

（4）屯堡文化

水塘村具有军事历史文化渊源，明代洪武年间为了加强中央集权和民族文化的交流，使少数民族从中学到汉族的农耕等相关文化。水塘村因明朝洪武年间屯军而形成，由上伍屯、中伍屯、和下伍屯组成。汉族将相关农作物种植、建筑技术、以及生活习俗等在村落中延续至今，村落中的整体空间布局和建筑样式反映明清各时期的文化特色。如村落内李氏院子的建筑特征和李氏宗祠以及普福寺等建筑体现出屯堡文化的特色。

5.5.9 妥乐村

妥乐村是保存相对完整的屯堡村落，村落中历史环境要素丰富，现有古井4口（上马桥井、下马桥井、大富井、龙井湾），古树1 500余棵（都为古银杏树），古桥2座（上马桥、下马桥），古墓1座（张氏大墓群），古驿道1条。同时附带了大量的历史文化信息，完整地体现了当地明清以来传统的民风民俗，具

有很高的历史研究价值。

5.6 传统文化资源评估

5.6.1 天门村

综合天门村各方面的因素，新寨拥有相对优越的交通条件和最佳的天门梯田景观资源，且可拓展用地富足，具备交通门户和发展综合服务功能条件；大寨传统建筑群落相对完整，集中了大量古榕树，拥有优越的“天门”观景效果，且最靠近北盘江航运码头，充分具备景观门户的特征；小寨村落传统建筑群落完整，传统文化浓郁，功能完整、风貌统一，具有典型民族文化代表性和地域空间格局代表性，最具保护价值。

5.6.2 高兴村

综合高兴村各方面要素，村内拥有着丰富的物质与非物质文化遗产，独特的自然格局和历史风貌，应将其打造为传统古村落选址营建的典范。

另外，陇戛苗寨依山就势，呈半岛组团的完整布局，是传统可持续发展的人居发展模式的体现，从整体到建筑，陇戛寨都具备较高的科学和文化艺术价值。

5.6.3 长湾村长田组

长湾村为布依族聚居的村寨之一，村内有着丰富的物质与非物质文化遗产。村寨内完整保留了布依族同胞特有的风俗，这为研究布依族民族习俗、建筑形式等民俗文化具有重大的价值。其国家级的非物质文化如蜡染，染布上的花纹图案经历几百年的演变，代表不同时期的这个民族特有的文化，其建筑细部工艺高超有很高的艺术价值。

另外，该村的村落选址和格局本身就具有科学研究价值，他们在自给自足、防御外敌、生存发展上都经历了长期的实践，可作为该地区村落选址深度科研考察基地。

5.6.4 鹅毛寨村

鹅毛寨是六盘水市境内独具特色的山寨融合景观，也是六盘水市美丽的高原特色田园景观区。村寨传统民居体现了中原文化、少数民族文化与边疆特色的融入，在贵州传统民居建筑中占有重要地位。历史文化积淀深厚，人文环境特色浓郁。鹅毛寨村具有一定的历史文化内涵及高品位旅游资源，极具旅游开发价值。

5.6.5 陆家寨村

综合陆家寨村各方面的因素，陆家寨巧妙布局的村落建筑和村落梯田，拥有百年古榕树群，拥有榕树村的美称，构成了人树田相依的生存环境，体现了以农为本，与树相依的文化特征。拥有国家级的非物质文化遗产——八音坐唱，拥有布依族千百年来积淀形成的古老文化和娱乐活动。是我国西南地区的传统乡土聚落与自然生态共生的典型表现。陆家寨具有丰富的物质文化和非物质文化遗存，是布依族文化和古树文化的活载体。

5.6.6 大中村

综合大中村各方面的因素，大中村充分体现了屯堡文化的文化价值。屯堡文化是汉族文化中的一种特殊的文化现象，是江南文化与明代军队历史在这一区域环境中融合并遗存下来的独特文化现象，是一段罕见的“活态史料”。屯堡文化是研究历史学、建筑艺术、文化交流与人口迁徙等的资料。

5.6.7 乐民村

乐民村传统民居依山就势而建，人与自然环境协调一致，形成和谐统一的模式，整体格局紧凑完整，街巷空间及民居建筑保存完好，从建筑、村落、田地、山体以及生活方式上充分反映了村庄发展历史、村庄社会生活的真实性和历史的完整性，同时其三合院及四合院等传统建筑格局，四合院的建筑形式体现了深厚的文化素养，具有保护价值。

5.6.8 水塘村

水塘村是六盘水市境内最具特色的田园景观，同时也是贵州最美的特色传统建筑景观区。水塘村整体风貌保持完整，具有历史的真实性、生活的原真性和历史风貌的完整性；水塘村传统民居中历史文化积淀深厚，人文环境特色浓郁，水塘村具有丰厚的历史文化内涵及旅游开发资源，极具旅游开发价值。

5.6.9 妥乐村

妥乐村作为一个拥有比较完整和保存较好遗迹的传统村落，有大量反映民间传统习俗的历史文化信息，完整地保留了明清以后当地村民传统生活方式和文化特征，具有较高的历史价值；同时拥有世界上最集中的千年古银杏树林——“世界活化石基地”，是我国西南地区传统乡土聚落与自然生态共生的典型表现，极具观赏和研究及保护价值。

5.7 传统资源面临的问题

5.7.1 天门村

（1）资源得不到重视

长久以来传统村落一直处于被忽视的尴尬局面，传统资源不同于历史文化资源，一直以来找不到其明确的价值定位，也得不到大众与市场的认可。大量传统文化和地域特色资源被荒废、破坏、一点点遗失。

传统村落保护工作发起之后，天门村传统村落的历史文化价值才逐渐得到重视，相关保护和管理工作才陆续开展，由于缺乏系统的指导观念、知识的普及，保护工作开展举步维艰，成效甚微。

（2）传统资源遭受蚕食

①自然环境遭受破坏。天门村位于北盘江峡谷内，目前的地形以深丘和坡地为主。山脉、植被和梯田是村庄自然环境的核心要素。随着近代生活理念和生活方式的普及，高挖低填方法逐渐渗透，给自然的山体、坡地、梯田和传统植被带来巨大的破坏。

②空间格局遭受侵蚀。随着生产生活水平的提高，由于空间环境恶劣，附近交通不便，以及传统建筑本身的缺陷，使得传统的村庄空间中现代新建建筑的数量增加或取代原有地点建筑，对传统建筑物的外观、建筑群落关系、交通运输系统等造成严重破坏。

③人文资源遭受摒弃。外来文化的入侵冲击了传统文化、民族文化，造成民族历史、语言文字逐渐被遗忘，传统生产生活器具及生产工艺、手工技艺等后继无人，商业利益取代了民族精神，传统文化、民族文化岌岌可危。

④传统建筑的消失。天门村传统建筑是布依族村民传统文化最为重要的文化载体，最能体现村落传统的文化价值。天门村三个自然村寨的现状除小寨传统建筑保存比较完整外，大寨和新寨传统建筑均遭受不同程度的破坏，其中新寨最为严重，传统建筑占总建筑比例不到50%。

5.7.2 高兴村

传统村落应当实现全面保护，必须保留传统布局、历史特征和空间尺度，不应改变相互依存的自然环境和景观。

①陇戛寨为半山驻扎组团状的布局形式，建筑集中建设，布局密集且消防设施严重不足，存在极为严重的安全隐患。

②外来文化与村民的个人意愿（新建建筑的选址），导致村落风貌的影响较为严重。

③村民“各人自扫门前雪”的环境卫生保护意识强烈，形成了目前整个村寨环境卫生较差的现状，并且日趋恶化。

④文化保护力度不够，主要体现在物质文化的破坏以及非物质文化的遗失。

⑤居民外出务工，传统建筑少人或无人居住，缺乏管理，导致传统建筑受损速度加剧。

⑥历史人文要素因忽视缺失严重，非物质文化遗产传承模式单一。

5.7.3 长湾村长田组

（1）在村落保护方面

①村寨集中区域传统风貌建筑保护较好，但其他历史环境要素由于保护意识的淡薄，正在遭受破坏。

②村落内有部分年久失修的危房和棚房，对村民造成一定安全隐患。

③村民对村落历史文化保护意识不强，非物质文化遗产传承力度不足，导致很多民俗文化活动参与和传承的人越来越少，急需保护培育。

（2）村落发展方面

①经济单薄，产业类型单一，产品附加值不高。外出务工人员偏多，村落自身活力偏弱。

②由于历史原因，村落相对偏远，近年来通村公路的修建有所好转，但村内大多养成自给自足的观点，一些土特产并未向外流通。

③村落无垃圾收集和污水处理设施，村落人居环境较差。

④在古寨的村民中，有部分村民对个人卫生、家庭卫生、环境卫生脏乱差的行为形成习惯，改变村民观念尤为重要。

5.7.4 鹅毛寨村

由于社会经济的快速发展，传统村落文化难以融入当今社会的价值体系，逐渐丧失原有独特的功能，其物质结构不可避免地受到损害。该村面临自然衰落，很大一部分的传统建筑已经丧失原有的功能，部分房屋结构、外立面等翻新，致使村落整体破坏等问题，该传统村落主要面临以下问题：

①新型建筑材料的使用破坏了村庄整体风貌。居民生活观念和生活习惯的改变，原始物质条件、生活环境无法满足现代生活日益增长的需求，也无法满足现代工业经济发展的需要，所以大量新建建筑基本采用砖混结构，且私自搭建构筑物问题较为突出，部分搭建主要为轻钢雨棚，彩钢顶，预制板屋等，从而割断传统风貌的延续。

②村庄无序扩张，建筑布局缺少有序引导。鹅毛寨村民部分宅基地使用率较高，基本形成全包围式。房屋布置密度较大，缺少开敞空间，道路和街巷较狭窄。烤烟房、厕所、猪圈等私搭乱建现象较为突出，对土地资源利用较为浪费。

③村民自建房难以管控。目前，村民在选择宅基地和房屋造型时，未考虑村庄整体发展及环境保护等因素，根据自己意愿进行建设，造成村庄发展无序。村委会无权管理，一些村民未经保田镇规划所批准即擅自新建房屋，甚至侵害公共空间，不服从规划管理。

5.7.5 陆家寨村

①村民自建、危房改造和村庄整治规划活动对陆家寨传统建筑风貌格局的破坏威胁。陆家寨的村民从2000年初开始大范围进行房屋新建、危房改造和村庄整治规划，在房屋整治和翻修新建过程中，建筑多采用砖混平屋顶结构，新建和改造建筑与村落传统建筑风格不协调，建筑的新建和翻修还在继续实施中，急需对其进行引导和调整，使村落的房屋建设在不破坏村落传统风貌的前提下，提升人居环境质量。

②村民对陆家寨古榕树资源的利用认识不足。榕树除了景观效果外，还具有药用价值、艺术价值。榕树属于乔木，喜阳光充足、温暖湿润气候，榕树的适应性强，耐水湿，根在潮湿的空气中能发生气生根，观赏价值大大提高。榕树的气根、树叶、树皮等可于药用，具有较高的药用价值，由于村民对其开发利用的认识广度不够致使当地村民对榕树除了观赏，没有进行有任何开发利用。

③基础设施滞后。村落范围内的乡道，路面情况较好，但道路高差大，影响了道路的通行能力，村落内部的车行道为水泥路，路面情况较差，村庄内部的步行道主要为水泥路、鹅卵石道路和土路，路面情况较差。现仍无停车场，外来车辆和村内农用车辆以路边停靠为主。村落内没有排水设施和污水处理设施，污

水随意排放，用电杂乱等安全隐患严重，对村落的传统风貌造成了一定的破坏。

④“八音坐唱，古榕寨欢”的宣传力度不够。陆家寨拥有千亩红枫林和古榕树50棵，树龄都在600年以上，极具有观赏价值。陆家寨除了风景优美的自然资源，还有丰富的非物质文化遗产，除了有2006年列入国务院批准的“第一批国家级非物质文化遗产名录”的“八音坐唱”外，还有铜鼓舞、传统节日“六月六”和独具特色的美食、美服。再加上其乡间的古井、泉眼、溶洞、石桥、纯朴的村民等，形成一幅现代都市人极其向往的古诗画般的乡村美景。“八音坐唱，古榕寨欢”这是一个可以塑造鲜明特色和世界级的品牌，但是陆家寨人民摸索了多年，还没有做好宣传，把品牌打出去。

5.7.6 大中村

①基础设施滞后。规划范围内的通村路仍为砂土路，宽度较窄，通行能力极差，与外联系较为不便，对村落的发展建设造成了较大影响。村庄内部缺乏消防通道，部分步行道需要修复。规划范围内现状无停车场，外来车辆和村内农用车辆以路边停靠为主。村落内没有排水设施和污水处理设施，污水随意排放，用电杂乱等安全隐患严重，对村落的传统风貌造成了一定的破坏。

②“十里白块·长坝大屯”的宣传力度不够。大屯始建于明朝洪武年间，这里的祖先是朱元璋时期“调北征南”军队的后裔，被称为“屯堡人”，它的选址、布局以及建筑设计等都是基于贵州山地的地理环境，融合了“屯堡人”浓厚的“大明遗风”，并充分考虑了军事防御功能，从而形成的一个具有明代遗址活化石功能的屯堡村落，大屯的主要产业是种植业，它有大面积平坦

的稻田，风景优美，观光性极强。但现状是并没有对大屯进行任何开发打造。“十里白块·长坝大屯”这是一个可以塑造为具有鲜明特色的村寨名片，但是当地政府及大屯人民，没有对其进行任何打造和宣传活动。

5.7.7 乐民村

在社会经济的快速发展环境中，乐民村的传统文化在信息全球化面前已经出现边缘化。村落的传统建筑在村民的眼里呈现出老气落后的认识，许多传统建筑及传统文化逐渐失去其原有功能，而构筑物的破坏是在逐步加速。该村也面临着自然的衰落及人为的破坏，多数构筑物不能满足当前村民的生活需求，出现新建、改建等破坏传统村落整体格局的现象，该村面临的主要问题：

①村落中新建建筑使用的材料没有统一口径，材料的选用没能按照村落统一风格进行使用，严重地破坏了整个村落的风貌。村落世居居民的生活观念受信息化影响较大，改变了村民对传统文化的认识，出现本土文化的不自信现象。

②基础公共服务设施较差，目前乐民村在生活用水方面有自来水供应，但排污系统呈无序排放的现象，村落内到处可见厕所及家畜圈，村落内的道路狭窄，雨季时村落内的道路上有雨水冲刷下来的各类排泄物。

③在乐民村沿公路两侧有较多的新建建筑，呈现出村落无序的扩张，新建缺乏合理的布局引导。传统建筑多被翻新，翻新时选材不统一，没能达到修旧如旧的现象。村落内房屋密度非常大，敞开空间相对较少。

④目前乐民村村民自建房屋难控难管。因利益主体的不同，村民没有从全村整体格局考虑新建建筑，村民没考虑村落的未来

发展模式，而是根据自己意愿随意修建，严重破坏村落的整体格局。村委会无实权管理，多数村民没有经过镇政府批准就擅自修建房屋，不服从相应的管理。

5.7.8 水塘村

水塘村传统村落历史文化因信息化和社会经济的快速发展，传统建筑在当前呈现结构损坏，无人居住或漏雨导致严重的损毁。没有固定的产业导致劳动力流失，同时致使传统文化的流逝，主要面临的问题如下：

①多数传统民居为木制框架结构，年久失修，呈现质量较差同时丧失原有的使用功能。如李家院子所有建筑均为木制框架结构，因修建历史年代久远，在经过长期的日晒雨淋和没有科学的保护措施的情况下，部分传统老民居出现结构老化，墙体坍塌、漏雨严重等现象。

②村落中无固定产业，导致劳动力流失。村落中具有劳动力的人员多外出务工，传统建筑里住着年迈老人，年迈老人缺乏劳动力及修缮资金以及保护传统建筑的技术支持，同时无法选择搬迁，多数居民依旧住在损坏严重的传统建筑里。有能力的部分年轻人不愿回到传统村落中居住，出现传统老建筑自然损坏。同时，传统民居生活流线组织不合理，卫生条件较差，功能滞后，难以满足居民日益增长的生活需求。

③基础公共服务设施较差。传统居民的生活环境流线组织不合理，排污系统呈乱象分布，屋檐散水没有系统的排水沟，生活散水随意排放。厕所及家畜圈无序分布在村落中的房旁屋后，雨季时村落内的道路上有雨水冲刷下来的各类排泄物。

5.7.9 妥乐村

（1）景区建设活动对传统村落风貌格局的破坏威胁

妥乐村从 2011 年开始进行盘县妥乐古银杏省级风景名胜区的建设，在风景名胜区建设过程中，新建了游客服务中心、风雨楼等服务设施，对传统建筑进行了外立面整治、对妥河沿线景观进行了较大力度的建设。新建的游客服务设施的风格、传统建筑的外立面政治与村落传统建筑风格不协调，改造后的妥河景观与原有的田园风光本色有一定的冲突。该项目还在继续实施中，急需对其进行引导和调整，使景区的建设在不破坏村落传统风貌的前提下，提升人居环境质量。

（2）村民对古银杏资源的深度利用认识不足

银杏全身都是宝，银杏除了景观效果外，而且还有药用价值、食用价值、艺术价值。银杏为银杏科唯一存在的种类，是一种知名的活化石植物，它也是一种珍贵的木材和干果树种，并对烟尘和二氧化硫有特强的抵抗能力，为优良的抗污染树种，同时药用价值高，但是妥乐村对古银杏的深度开发和利用远远不足，村寨一直以银杏作为当地村民的主要经济来源之一，辅以少量银杏叶销售。其中大部分是由村民收集出售给来往游客，此外，也没有相应的手工作坊，其资源利用率和经济效益低，未形成产业规模，缺乏产业基础。

（3）农家乐旅游开发层次低

在村庄大力发展旅游的前景下，利用现有资源，村民们积极参与农乐发展，但目前农家乐建立不统一，基础设施和污水排放存在不足，用电杂乱等问题，安全、卫生隐患严重，而且对传统建筑和村落格局造成了一定的破坏。

（4）基础设施滞后

村庄内的道路经过近几年的规划和改造，已有了初步改善，村庄南北都有通村公路与外部联系，能满足基本要求，但是村庄内部的缺乏消防通道，部分步行道需要修复。村落内没有排水设施和污水处理设施，污水随意排放，用电杂乱，安全、卫生隐患严重，对村落的传统风貌造成了一定的破坏。

5.8 六盘水市传统村落旅游资源特征总结

贵州省六盘水市境内传统村落地域文化浓郁，生态格局优美，拥有众多特色旅游资源，其具体特征如下：

①六盘水境内传统村落在村寨布局上顺应地势机理，建筑形式多样，民风民俗淳朴、多元，传统风貌保存较为完好，它在历史岁月中烙下的深厚印记是我们了解和钻研传统文化资源的活化石。

②六盘水市传统村落尚今保存着规模较为完整的传统民居和古建筑群，是贵州地区传统村落保存较为完好的地方之一，村落居民擅长用“木、石”来构建生活所需品，形成了别具一格的传统建筑文化 。

③六盘水市传统村落的居民既温婉淳朴，又豪迈狂野，那些珍贵的传统文化便是这些村落居民精神的传承，生活的态度。

④六盘水市传统村落高山巍峨，无尽延绵；森林葱郁，生机勃勃；湖水清澈，景观秀致；村寨古朴，田畴交错；整个村落仿佛天人勾勒的一幅美丽画卷，恬静地躺在大自然的怀抱里。

⑤六盘水市传统村落多为群山环绕，一屏或两屏敞开，生态良好，植物繁盛；村落在古银杏、罗汉松等植物的点缀下若隐若

现，形成历史人文深厚，景观格局良好的自然景观。

⑥苍劲古朴的银杏景观资源。六盘水市传统村落中的石桥镇妥乐村和乐民镇乐民村村落内部和村域周围分布有新生代第三纪冰川运动留下的孑遗植物古银杏树近 1 660 棵，树龄有千年历史的 200 多棵，树龄最大的古银有 1 500 多年历史，属二类珍稀植物。其规模较大、枝型优美、历史文化底蕴深厚，被誉为“世界活化石基地、世界古银杏之乡”，由于妥乐村和乐民村祖辈们对古银杏树的保护和重视，妥乐村也逐渐形成了“人树相依”的树文化。因此挖掘当地“树”文化，进行“树”文化的旅游规划可以丰富当地产业模式，提高当地的经济收入与地域特色；银杏除了丰富观景效果外，其果实和叶片还有极高的药用价值、食用价值、艺术价值。

第六章　六盘水市传统村落旅游资源保护与开发利用措施

落实“三变”政策、脱贫攻坚、新农村、美丽乡村、乡村振兴战略为六盘水境内传统村落旅游资源的开发利用和保护的指导。六盘水境内传统村落中的旅游资源的开发和利用必须结合国家政策，在国家政策的指导下进行发展，在发展过程中必须抓好传统村落中的文化资源保护、采取突出乡村经济实体效益、乡村区域社会效益、乡村生态环境良性循环等措施，从而推动乡村振兴并构建和谐的美丽传统村落。

6.1 传统村落旅游资源与新型城乡一体发展建设的关系

传统村落在当前新型城镇化建设中，在各乡村建设发展过程中受到一些思潮的影响，主要表现在“从众化”及“差异化”两个方面。从众化是建设者在当前社会的综合发展中受到外界大众追崇美学观念的影响，这种观念表现在近年来传统村落中新建的建筑、生活交通工具、常用的生活用品。在传统村落中年轻一代的人群都在追崇着所谓的“全球化”，导致传统村落在发展成旅游型村落时出现各类资源相同，使传统村落的面孔和机理失去了传统文化因素，建设者及居住在传统村落中的人对地域特色文化、独特的民族文化特征的漠视和认识不清。差异化的观念则认为各传统村落有其独特的文化元素，应引导传统村落中村民和各界人士尊重本土传统的民族文化遗产资源，让各民族的文化特色在当前社会中发挥其独特的作用，让传统的文化资源在今天社会环境中继续发挥原有的功能使其得到活态的传承延续，同时丰富我国的特色文化。受调查的传统村落表现出与上述两个方面的思潮，形成了当前传统村落各自建设和发展的主要趋势。

在我国境内的各传统村落中都拥有不同的特色文化，且历史渊源深厚，六盘水市的传统村落也不例外。六盘水地区传统村落从远古至明清到当代，一直以接纳包容的方式与外来民族共同耕耘和开拓这片生存空间。近二十多年来农村经济发展滞后，随着年轻劳动力外出务工，同时受发达地区综合文化和从众审美观念的影响，年轻一代在村落中随意建构了各种民居建筑，这些因素就是传统村落当前呈现从众化的根本原因。

六盘水地区传统村落在反差较大的喀斯特地形地貌自然环境和复杂的社会环境条件下形成的“差异化”延续至今，已经形成研究区域少数民族文化、研究明朝以来汉族传统文化的一块活化石。六盘水境内的传统村落应利用独特的区域气候条件及文化遗产资源在全球化信息时代中，发展喀斯特地貌优美的传统村落。

对全市旅游资源评估，笔者认为传统村落中的遗产资源是最具特色，而最具代表性的是山地区域特色文化遗产，独特的山地特色景观，独特的气候资源。少数民族夜郎方国的建设区域，明代汉族文化及少数民族文化的原生态聚居地等传统文化遗产等资源，是构建传统村落人居环境中美丽乡村极具价值的文化资源。

后改革时代中国家的城乡发展模式似乎忽视传统村落的发展，“城乡一体化”实质上是城乡联动发展中不断实现城乡文化共融的过程。中国的传统村落是整体延续和传承我国优秀的传统文化最为典型的聚落，其文化内涵与城市文化各有不同，具有独特的价值所在。在当前的城乡一体化正在与城市更为密切的互动中，使得新的发展刺激因素注入传统村落。传统村落的历史文脉当前存在着被割断的危险，传统村落应主动挖掘和保护旅游资源与今后的城镇化建设发展进行协调统一发展。而六盘水境内传统村落中的遗产资源极具特色，其山地区域特色文化遗产是人类的发源地之一，独特的山地特色景观，独特的气候资源，还有少数民族夜郎方国的建设故地，明代汉族文化及少数民族文化的原生态聚居地等传统文化遗产资源，是构建传统村落人居环境中美丽乡村的文化资源，是推进新型城乡一体发展建设的重要因素。

6.1.1 协调统一发展的关系

传统村落旅游资源的保护与开发离不开人文和物质以及制度三个基本要素。人文是在满足基本的生活条件基础上在精神层面有关的因素，涉及衣食住行、生产生活方式、家庭及社会关系、邻里关系、宗教信仰、道德仁爱、审美观念、价值观念等；物质是人在村落里及全村赖以生存发展延续的物质基础，涉及村落地域空间、村落整体空间的布局、江河、湖泊等水域、传统建筑、古老的街道和桥梁、各类的基础设施以及自然环境中的耕地林地和各类植物种子、山林等环境中的各类动植物；早期制度在村落内主要是村规民约，现在的制度是国家为确保国内领土范围内政策运行而制定的政策及各级法律法规、政策和各行各业涉及的相关法律法规和相关规章制度等。物质与人的意识是人文及制度发展的首要因素，在早期村民对村落进行选址时，物质环境是第一考虑的要素。物质环境便于人类加工改造及影响物质客观环境，而不同的客观环境，人们生活在某一相同的社会环境中因物质环境获得的不同，每个人的信仰不同、性格不同、交流也采取各不相同的方式以及每个人所处的社会关系也各不相同，致使在不同的区域有相应不同的规章制度，相应也有不同的保障体系。各不相同的传统村落在建设发展过程中必须站在各村目前实际情况与自然环境作为发展的基础考量，因地制宜的与环境实际承载力来预测相关规划及发展目标，有计划、有步骤地开展宜居生态环境的建筑工作，致力建造美丽传统乡村。

村落发展中的物质、人文以及制度三者相互制约和相互依存。村落的发展与当前社会快速发展相互影响，而村落中的人们对居住的自然环境，教育基础设施等相关涉及的物质环境和精神需求意识也在快速的提升。因此，村落、乡镇以上各级管理部门在制定和实施相关的制度、保障措施时，必须在国家及行业专家的指导下以村落人居环境友好和谐相处的情境为设计位工作目标。传统村落的保护、开发建设在我国的相关法制规定中有明确的规定，在对传统村落进行开发时必须先进行做好规划设计，实施建设工作时必须按预先规划设计方案进行开展相关工作[①]，营造好生态环境、品质高、各家庭关系温馨友好、各产业结构合理发展效益好、村落社区邻里关系和谐友好的人居环境。使传统村落中个人的价值及社会价值共同实现最大化，弘扬中华传统文

① 传统村落保护发展规划编制基本要求（试行）。

化，实现村落物质资源、人文资源友好和谐循环有序发展。在自然界的万事万物延续发展中都是相互影响相互制约的，传统村落的保护与开发同样存在这一关系。当前传统村落中的各类物质环境每一秒钟都在发生着不同程度的变化，其开发与保护相互影响着、制约着，相应的保障措施以及各类制度也发生着潜移默化的变化。在制定某一制度时，所涉及的事物以及人文环境要素也跟随着制度涉及面发生变化和调整，在人文环境处于某个特定时期发生变革时，相应的制度和保障措施也相互影响着，跟随对物质环境变化而发生调整。

在村落发展过程中上述三者相互制约、相互牵引、相互发展，共同促进村落的人居环境和谐有序循环发展。在村落规划中既要真实调查各传统文化资源的信息数据，又要科学、公正、客观评估村落各类资源在当前社会环境中开发和保护的利弊关系，真实、合理有效地对传统村落旅游资源开发与保护的发展机遇和挑战进行分析，把各类资源的活态传承放在重要位置，协调统一各类发展涉及的相关因素共同发展。把建设宜居环境的生态保护放在首要位置，把适度合理的增长与现代全球发展需求相结合共同发展作为指导。共同把村落中各类资源用活，建造人居环境中美丽的传统村落。

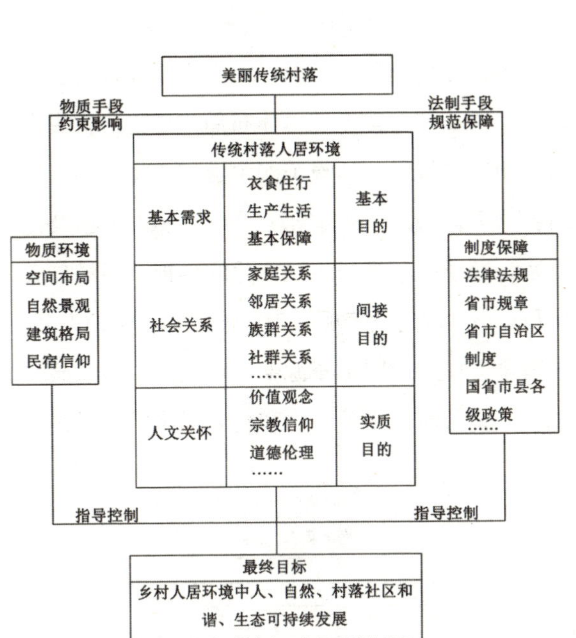

图 6.1　美丽传统村落结构框架

6.1.2 战略统一关系

近年来我国对传统村落的保护工作越来越重视，2018 年中央 1 号文件提出“乡村振兴”战略。对传统村落的保护，国家各级主导职能部门出台了相应的措施和实施办法，同时对传统村落的规划发布了指导性文件。传统村落的规划要求实地调研并全面掌握全村被纳入规划红线区域内的自然和人文相关资源，按照真实数据进行科学合理的分析其优势状况，按照区域划分进行细化分工的工作原则。进行整体统筹的方式制定出针对各村落发展的定位和营造人居工程学中美丽的传统村落总目标，同时建议相关职能部门梳理出合理的保障措施和规章制度等相关管理性文件。在党的十八大报告里，明确指出了生态文明建设的重要性，把生态建设纳入了“五位一体”的总体布局，作为落实生态文明建设的重要举措和在农村地区建设美丽中国的具体行动，并大力开展“美丽乡村”创建活动；为贯彻落实党的十八大建设优秀传统文化传承体系、弘扬中华优秀传统文化的精神，促进传统村落的保护、传承和利用[①]，建设美丽中国，住房和城乡建设部、文化部、财政部、国家文物局、国土资源部、农业部、国家旅游局就加强对我国传统村落目前的相关保护和发展工作提出了较多的意见。

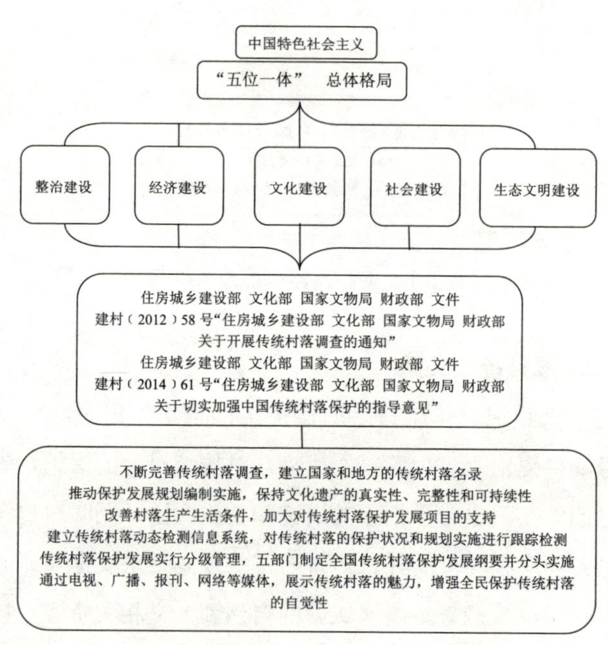

图 6.2 “五位一体”总体保护结构

① 中国共产党十八大报告。

贵州省为了传统村落保护实施具体落实，贵州省住房城乡建设厅及相关部门提出关于做好传统村落保护有关工作的实施意见，并按照国家部委的要求和住房城乡建设部等四部局《关于切实落实加强中国传统村落保护的指导意见》以及《传统村落保护发展编制基本要求》实施保护行动。

传统村落形成的过程中，由于村民对环境治理的观念以及对村落环境协作不统一，传统村落中利益主体获得利益不同，致使各村落环境中村民把短期的经济利益放在首位，对村落长远的综合资源的发展与保护的观念也就不同。而在国家、省、市、县各级部门主导的规划编制相关保护传统利益的相关文件，是为保护和使传统村落的发展和延续为最基本的保障。传统村落规划编制的出发点就是对传统村落预先制定人居环境美丽传统村落的发展方案，确保人居环境美丽传统村落得以保证，使中国传统村落中的优秀文化和自然和谐友好共处可持续循环发展。

六盘水在编制传统村落规划时，从宏观层面、中观层面、微观层面出发，以期全面对传统村落进行有效保护。传统村落在国家宏观层面上属某一传统文化的特定据点，是位于国土范围内某一局部空间区域，区域空间的不同地区自然环境中的物质条件又有很大的差异。处在不同物质基础环境中的村落，面对的机遇和挑战也是不尽相同的。对各传统村落实施“一村一策”的工作就是挖掘各传统村落的不同资源，对其优劣势进行科学的分析，同时预测各种传统村落的资源的传承和开发的机会及挑战，明确其发展战略和定位，避免一个模版村村用的恶性现象。寻找村落的特色文化资源，作为与其他村落的差异化的基点，加强村落中的产业转型，增加产业发展，谋划特色村落产业，增加农民收入，在国家大政方针引导下，设定人居环境美丽传统村落发展构架。对六盘水境内 9 个传统村落中的综合资源进行解析，增强对村落中本土文化的认识和认同感和对各村落社会环境和谐共存的基本关系上而设定，它将辅助指导村落的发展。村落的良性循环可持续发展，将进一步促进我国人居环境美丽传统村落不断完善和提升。中观层面，传统村落一般由几个自然寨或者几个小组共同组成。每个自然寨或小组在中观层面，所有的村民都关注其村内基础设施的配套、公共服务设施和基础设施的合理匹配、公共安全设施、乡村产业发展和生态环境等。合理增强乡村产业、积极引导传统产业的转型、加大村里的公共绿色空间，调节村里的道路和密度，增强村民出入的便利性，提高村民的幸福感和安全感，合理调整利益主体的利益，合理调整对困难等弱势群体的保障机制，综合体现人居环境中美丽传统村落。微观上看，在规划和实施村庄规划时，应充分重视村落的各项建设的质量。如建筑、交通、给排水、防火、防洪电力、电信等基础设施，同时做好村落居民的就业相关产业的规划等。使众多的基础设施多规合一同时实施，使村落资源的保护与开发利用在人居环境美丽传统村落中得以有效发展。传统村落的规划和人居环境美丽传统村落的建设贯穿三个层面的各个方面都缺一不可。

6.1.3 可持续发展的关系

传统村落的规划与村落资源传承与开发利用密不可分。村落环境的物质资源、村民心理环境及社会环境需求某一方面发生变革时，都会对其他方面发生牵制，同时也反作用于变革，三者相互影响、相互牵制、相互促进或相互限制。在传统村落规划和实施工作中要认真对人居环境中美丽传统村落的规划，在准确掌握村庄各种旅游资源后，将其历史脉络进行整理归纳，挖掘当地发展的优势，为村庄的发展寻找机遇和挑战，增强区域合作，扩大对外交流渠道，借鉴外来成功经验，因地制宜地做出发展传统村落旅游，协调区域城市和自然环境及人的需求，促进人与自然和谐可持续发展。

6.1.4 传统村落旅游资源构建美丽的乡村

实体经济的支持对于新时代的传统村落是必不可少的，乡村产业是带动乡村振兴和构造美丽乡村的重要条件。新时代的传统村落不能继续延续粗放型的经营模式，同时也不能让环境成为经济腾飞的绊脚石。必须要提高质量和高水平的发展实体经济，可用优质的农产品来促进农业产业的发展，发展高质量的绿色农业产业链，同时这也是我国从农业大国转化为农业强国需要的措施。2018 年中央的 1 号文件，强调发展高质量、绿色的展业发展，将农业的高质量产业发展作为农村发展的新动能，同时提出以推进农村的绿色发展来实现人与自然的和谐发展。六盘水境内的传统村落目前正尝试运用“三变”改革的方式将传统村落的各项资源进行绿色发展探索，以发展乡村旅游、山地特色农业等，不断增强农村企业发展、美化乡村，使农民增收。

2018 年，中央 1 号文件指出：“乡村振兴，乡风文明是保障。必须坚持物质文明和精神文明一起抓，提升农民精神风貌，培育文明乡风、良好家风、淳朴民风，不断提高乡村社会文明程度。”[①] 具体提出了加强农村思想道德建设、传承发展提升农村

① 2018年中央1号文件，中共中央国务院关于实施乡村振兴战略的意见。

优秀传统文化、加强农村公共文化建设和开展移风易俗行动等措施。村落中的传统文化是我国特色社会环境中不可缺少的组成部分，当前中国乡村在国土面积中占较大的面积，乡村振兴战略的实施就是针对乡村的特色资源进行转化发展，在实施过程中各乡村的发展与保护，只有符合各地文化特殊实际情况来制定具体的措施和落实，才能接地气和具有实际的效率。2018 年的中央 1 号文件指出各传统村落的发展结合传统村落的实际，因地制宜地繁荣村落文化，不断提升乡村振兴的软实力，增强乡村振兴的精神动力，增强村民的文化自信，让传统村落的各项资源在新时代繁荣兴盛，构建美丽的乡村。

6.2 传统村落旅游资源保护方法

当前传统村落的保护与发展的首要工作是真实有效地做好传统村落各项传统资源的基础调查工作。了解和调查清楚各传统村落各传统资源的现状、保护现状，建立及健全各传统村落的档案，做好保护发展规划编制任务，探索开展抢救性保护发展试点。各传统村落在实施发展与保护之前，必须请专业设计规划单位、专家、政府相关管理部门制定规划方案，先规划后实施，使规划方案在村落的开发和保护实施过程中起到积极指导作用；按传统村落保护的相关文件执行分类、分级实施保护计划和工作，必须有针对性地提出抢救性维修、整体保护、合理开发利用等保护措施；对传统村落中的文化承载物进行活态的方式进行传承，并重点注重保护所有相关遗产的真实性和完整性，在此基础上真实有效地弘扬中华优秀的农耕传统文化；结合各传统村落的地理环境及周边人文及自然环境、区域民族特色，坚持因地制宜提出

“一村一策”保护发展对策。

6.2.1 建立传统村落档案

2013 年国家住建部等多部委出台《住房城乡建设部关于做好 2013 年全国村庄规划试点工作的通知》（建村〔2013〕35 号）关于村庄规划编制的一般要求，在参照《历史文化名镇名村保护规划编制要求》等相关规章要求的同时，在这些基础上重点要做好传统村落的规划编制。

传统村落保护与发展规划编制时，首先对传统村落各项传统资源的内容、特色、价值、现状、保护情况、以及所处的自然、社会环境等现状进行详细的调查研究，对各类资源特征进行分析，并在此基础上建立好各传统村落档案，并不断完善各村落历史文化资源的基础材料的归档，各类资源的资料都是后续编制发展与保护村落方案的基础。

表 6.1　传统村落档案应调查与分析的主要内容

村域环境	内容	村域范围内的山川水系、地质地貌、植被动物等自然环境要素以及文物古迹、风景名胜等
	要求	应在不小于 1:5000 的近期测绘地形图上，标示上述要素，并配以相应的照片、文字说明，形成文字性的《村域环境描述》及《村域环境分析图》图纸
村落传统格局	内容	与村落的选址、发展紧密关联的地形地貌以及河流湖水系、村落形态、主要街巷、道路、重要公共空间等
	要求	应在不小于 1:5000 的近期测绘地形图上，标示上述要素，并配以能反映其特点的照片、文字说明，形成文字性的《村落传统格局描述》及《村落传统格局分析图》图纸

续表

传统建筑物	内容	村落中传统建筑物（包括文物单位、历史建筑、传统风貌建筑）的位置、建成年代、面积、基本形态、建造工艺、结构形式、主要材料、装饰特点、建造相关的传统活动、历史功能、产权归属、使用状况、保存现状等
	要求	应在不小于1:2000的近期测绘地形图上标示各传统建构筑物，形成《传统建构筑物分布图》。对主要传统建构筑物的每一处均建立单独的登记表，以表格、文字、照片、图纸等形式进行记录，对重要的或具有代表性意义的建构筑物还应进行测绘
历史环境要素	内容	反映村落历史风貌、构成村落特征的要素如塔桥亭阁、井泉沟渠、壕沟寨墙、堤坝涵洞、石阶铺地、码头驳岸、碑幢刻石、庭院园林、古树名木以及传统产业遗存、历史上建造的用于生产、消防、防盗、防御的特殊设施等
	要求	应在不小于1:2000的近期测绘地形图上标示各历史环境要素，形成“历史环境要素分布图”。对主要的历史环境要素，每一处均应建立单独的登记表，以表格、文字、照片、图纸等形式进行记录
非物质文化	内容	村落中的传统民俗和文化，包括非物质文化遗产代表性项目、及其他传统的生产生活方式、乡风民俗等内容以及其所依托的场所和建筑、用具实物；了解相关知识的特殊村民（如族长、寨老、非遗传承人、老手艺人、庙会主持人，传承了传统建造技术、手工艺的工匠等；传统手工艺品、食品、器具的做法工艺等）
	要求	对上述要素的性质、产生与发展演变过程、与村落发展的关系、传承现状、群众参与规模、管理与保护现状等进行调查分析形成文字性的“村落非物质文化分析”，并以照片、录音录像、图纸等形式进行记录
文献资料	内容	包括志书、族谱、历史舆图、碑刻题记、地契、匾联等；吟咏描述村落风物的诗词、游 记等；村落沿革、变迁、重要人物、重大历史事件等，在历史上曾起过的重要职能、传统产业等的相关图、文、音像资料；当代有关村落研究的论文、出版物等资料
	要求	上述资料应以拍摄、扫描等方式电子化作为档案的附件；对篇幅较大而难以电子化的当代出版物，应注明出处、藏处。对于收集到的历史文献资料不应带有主观要素的删减、修改或加工，但为了减少后继使用的便利，可对主要信息进行必要的整理和汇编

续表

保护与发展基础资料	内容	既有保护管理机构、规章制度、行政管理文件、乡规民约等；既有保护工程实施情况、保护资金等情况；已公布的村庄规划、保护发展规划、产业规划、旅游规划、道路交通规划、资源利用规划等的规划成果；人口、用地性质，交通状况，经济状况，基础设施和公共服务设施等社会环境
	要求	除纸质文件外，上述资料应尽量复印、翻拍、扫描等方式电子化后，作为档案的附件

6.2.2 保护原则

（1）整体性保护

传统村落文化遗产资源进行整体保护是重要的一个原则。“整体性”要保护村落所拥有的全部内容和形式，也包括物资形态、非物质形态、传承人和生态环境资源，从整体上对传统村落加以关注并进行多方面的综合保护。[①]传统村落中保护自然界物质文化遗产和村落的物质文化遗产的目的是以多元化和非简化的方式反映并保存人类文化的多样性。保护范围涉及村落整体的生产生活方面，村民日常生活的生产、娱乐、信仰等各类传统民间文化的表现形式，并不单纯对个别文化遗产项目实施综合保护。如果不能对保护村落的文化遗产提供全面保护，仅仅是用个别的“代表作”形式对已经认证的文化碎片来进行“圈护”，会对未被“圈护”的优秀文化遗产漠视、忽略、遗弃和伤害。保护传统村落物质文化遗产资源的整体性原则不仅是就空间向度而言，也表现在时间向度上，应制定这种文化传统与民众生活方式的关联把

---

① 申小红：《对非物质文化遗产保护的几点认识》，《原生态民族文化学刊》2011 年第 1 期，第 121 ～ 125 页。

这种文化传统固定在既有的时态上，遏制了它在新的生存时空下的新的发展。[①] 我国近年来对传统村落物质文化遗产资源保护实践工作中，意识到各类文化资源本身是一种综合性的文化形态，而不是单一孤立的文化形式，保护中需要从整体保护出发，不能孤立单独保护某一片段文化。从村落物质文化遗产资源的整体性中的构成空间与发展时间，得看到文化的变迁区域和文化的发展历史。

对传统村落物质文化遗产资源保护在实践工作中找规律，探索更好的保护方式。2007 年国家文化部以文化生态保护实验区的模式开展保护工作，先后命名 12 个国际级的生态保护试验区（大理白族文化生态保护实验区、迪庆民族文化生态保护实验区、陕北文化生态保护实验区、羌族文化生态保护实验区、徽州文化生态保护实验区、闽南文化生态保护实验区、湘西文化生态保护实验区、客家文化—梅州—文化生态保护实验区、热贡文化生态保护实验区、海洋渔文化—象山—文化生态保护实验区、潍水文化生态保护实验区、晋中文化生态保护实验区）进行实践保护。[②] 在保护认证过程中专家把非物质文化遗产作为文化生态试验区的核心部分，并对区域内与物质文化遗产及相关联的事物与自然环境、经济社会及组织环境进行整体保护。传统村落物质文化资源与生存发展自然环境、经济社会、组织环境进行综合性整体保护。

---

① 高原野:《汉中传统民居建筑环境整体性保护研究——以汉中洋县谢村民居为例》,《城市建筑》2016 年第 35 期，第 200 ～ 200 页。

② 中国非物质文化遗产网，中国非物质文化遗产数字博物馆。

传统村落从整体上的保护包括有形的传统资源，如与道路、街巷、水系统、传统建筑、构筑物、历史环境和非物质传统资源以及非物质文化遗产密切相关的自然环境，资源还包括居住在传统村落的村民。整体保护中将传统村落物质文化遗产保护与传统村落的保护相结合起来，是传统村落物质文化遗产资源整体保护的路径之一。在整体保护中物质文化遗产资源保护与开发利用同样得遵循相应的原则。

（2）原真性保护

在传统村落中的各项传统遗产资源强调真实地保护，保持传统村落本地固有的特色，不得拆迁合并传统村落、不宜大拆大建、不宜拆旧建新、不宜拆真建假和粉饰做伪；保护非物质文化遗产和传统民俗等传统文化资源的原生态，不得随意编造、做假及歪曲原文化形态。

（3）以村民为主体

在实施规划方案应尊重各传统村落村民的想法，应以村民为主体同时为村民提高生活质量进行技术指导。积极鼓励和引导需要对危房进行修缮，同时按原貌、传统材料在原址进行恢复和生产生活，这样可避免出现空心村和劳动力的流失；村民的住房和配套生活构筑物等的改造、设计、修缮等应在村落规划的范围内，应在规划方案中指导和引导村民进行。该规划方案计划的制定和实施则侧重于实际需求，可对多个村庄进行深入系统的调查分析，精确掌握传统村落内的传统资源，分析保护村庄和发展的实际问题，充分了解村民实际需求，为避免规划沿用、套用其他村庄的规划，且有针对性地提出发展模式，避免盲目制定不切实际的规划目标和措施。

6.2.3 乡村生态旅游与可持续发展

六盘水境内传统村落发展生态旅游，村落生态旅游的可持续发展包括：其一，生态旅游体验者和可持续发展的关系，即生态旅游者是继大众旅游者后发展起来的新的旅游群体，他们对旅游区的可持续发展起到了积极的作用。生态旅游者一般受过良好的教育，具有较高的欣赏自然、文化，积极主动体验民风民俗的能力。在旅游区进行旅游活动时，他们能很好地从自身做起保护好旅游环境；其二，生态旅游景区与可持续发展，即生态旅游景区在生态旅游发展过程中起着极其重要的作用。其功能是为生态旅游者提供生态旅游产品和提供基本的服务设施等；其三，社区居民与可持续发展。张建萍在分析肯尼亚发展生态旅游成功经验时提出，社区居民参与生态旅游业有渲染原汁原味的文化氛围和使居民从旅游业中受益的突出优点①，为了让当地居民参与管理在乡村旅游规划的初级阶段就一定要强调居民积极参与，并在一定程度上听取当地居民的意见，使他们了解旅游规划和发展的进程和问题。

构建完整的传统村落生态文化旅游体系，完善村落生态旅游符号与体验的相关体系，形成良性互动，是传统村落生态旅游可持续发展的有力促进因素。新西兰毛利银蕨螺旋价值观形成的毛利生态文化村的生态旅游成功开发就是一个典型证明。因为传统文化是一个民族经过历史沿袭积淀而成的物质文化和精神文化的复合体，生态文化建设的内容是文化的原生性不和完

---

① 张建萍：《生态旅游与当地居民利益——肯尼亚生态旅游成功经验分析》，《旅游学刊》2003 年第 1 期，第 60 ～ 63 页。

整性[①]。植根于传统村落民族传统文化建设的生态文化建设本身是一种创造性的活动，不能脱离传统文化意义。村落的传统文化是生态旅游的资源，进行生态文化建设和发展生态旅游的主要目标包括广泛形成负责任的旅游发展理念和生态友好的旅游服务[②]。要实现传统村落旅游的可持续发展，不是只靠自然科学中的技术手段就能解决问题，还需从思想意识着手，建立起一种新型的文化，这就是生态文化体系，这对于生态旅游的可持续发展有着不可低估的作用。

6.2.4 生态环境治理修复

对资源的认识态度和保护与开发利用方式，很大程度上决定了资源的综合利用效益，忽视生态环境效益、社会效益，一味追求经济效益的做法显得越来越难以继续维持发展。对传统村落各类资源的生态修复是对村落各类资源的开发与保护最重要的技术手段。在村落环境中因村民的生产生活而对自然环境造成超负荷的影响，超出环境自我净化，破坏了自然环境中生态系统的自我调节能力，甚至丧失了自然环境的自我净化恢复功能。生态修复最有效的途径就是减少人为对生态系统的干预，这样可以让自然环境得以自然净化和恢复自我的净化功能。促进各传统村落自然环境生态系统向良性的循环方向发展，同时可促进自然界的生物、水土等得以保护，可让自然界的生物恢复多样性发展，是构建优美、宜居传统村落环境的重要因素。

---

① 张晓萍：《人类学视野中的旅游目的地负面影响研究述评》，《青海民族研究》2010 年第 1 期，第 11-12 页。

② 于春玉、刘阿丽：《生态旅游的可持续发展》，《绿色科技》2011 年第 1 期，第 113 ～ 114 页。

六盘水境内的传统村落的自然环境因利益主体的不同，造成自然环境在一定程度上出现石漠化。村落早期先民选址时注重与自然和谐相处，并依靠自然生态环境给予生命延续的物质基础。如果村落自然生态环境遭到破坏严重，对人的危害是无穷尽的，所以对传统村落自然生态环境保护是当前首要任务。六盘水市提出的“三变”改革对传统村落自然生态环境修复起到积极的促进作用。村民在“三变”改革中利用自己承包经营的耕地、荒地、水域以股份的方式入股到相应企业中，从中获得股份分红，企业在利用科学合理的技术手段进行将土地资源进行合理利用。在旅游业发展的基础上进行种植山地有氧特色农业，让村落自然生态环境在人为技术的辅助下恢复其自身的消化恢复能力。

图 6.3　乐民村梯田农业

图片来源：作者实地调研　2018 年拍摄

6.2.5 原址保护

对于传统村落中不可移动的传统历史构筑物及自然环境中的自然景观采取原址进行保护，如进行整体修复、原址恢复复建、局部修缮加固、日常维护等。原址保护即是对被保护的自然与人文对象不实施拆迁，继续原址对原物实施相应的保护措施，确保原址上被保护对象的原真性和构筑物的标志性，采取的保护技术措施是尊重历史，修旧如旧，尽量采用传统工艺和材料，不破坏被保护对象的历史记忆。

六盘水境内传统村落中众多的构筑物历史悠久，在村落社会发展中面临城镇化的加速发展和年久失修，面临着不断拆除新建或者自然破坏及被世人所遗忘的现状。可喜的是随着国家对传统村落环境资源进行保护的速度不断加快，在结合六盘水市实施建设美丽乡村和实施大旅游的战略，对传统村落的保护从中央到地方各级政府、职能部门、民间企业和社会公众对传统村落旅游资源的力度越来越大。把原址保护手段应用到传统村落的各项构筑物中，修复后的传统构筑物将会继续传承传统文化内涵，并让其传统文化在乡村旅游业中得以活态传承并发扬光大。

6.3 传统村落旅游资源开发利用措施

6.3.1 坚持绿色生态可持续发展

在传统村落旅游资源保护与开发利用过程中将环境生态保护放在首要位置。重视传统村落旅游资源的研究、减量排放、重复利用、循环利用以及对已经受到破坏的生态环境进行修复和治理。在传统村落旅游开发过程中必须遵循国家和地区相关法律法规，不能无限度的进行扩张开发；村落固有资源及周边环境资源承载能力有限，不能再透支后代的资源；传统村落旅游资源的利用应该遵循生态环境效益、村落环境社会效益同时最大化的原则；在国家政策的大力支持下应该积极向美丽乡村振兴可持续发展。让村民和各级部门从思想上转变对传统村落发展模式的认识，让其认识到传统村落中旅游资源的珍贵性和在旅游合理开发利用的作用，才能更好地促进美丽乡村振兴的建设，建设中把保护、绿色、生态、可持续循环发展的理念贯穿到整个保护开发利用建设活动的始终。

6.3.2 坚持传统村落文化生态保护

传统村落显著的文化特点就是中国传统文化积淀人与自然和谐共处，注重以人为主体与自然环境的共存，尊重人格尊严与自然的价值。《国家新型城镇化规划（2014—2020年）》指出未来的建设工作要求凸显人文特征建设，对基础资料的收集、调研和整理必须加强，并大力挖掘其文化内涵资源，大力推动文化资源投资运作，六盘水传统村落应结合“三变”改革工作，强化传统村落文化资源的传承与创新，有力地推进传统文化传承人培育工作，让传统村落文化资源在新时代体现新的魅力空间。为推动传统村落文化资源的传承、旅游开发、传统文化创新活态传承等发展奠定物质及非物质的基础保障，推动美丽乡村振兴战略目标的顺利实施。

重视挖掘传统村落文化挖掘、采取有效的保护措施，并通过政策、村民、企业、技术等多种形式的合作开发，形成独具特色的山地乡村振兴文化产业链，推动具备浓郁本土特色的生产基地，有效持续活态传承和创新发展传统村落文化资源，同时拓展新的就业面和改善村民的就业环境，带动传统村落旅游资源生态整体协调可持续发展。

6.3.3 尊重传统村落历史文化遗产

传统文化即是过去的现在文化，现在的文化即是将来的传统文化，“以史为鉴”是每一代人都会经历的事。对待传统村落的文化资源遗产的态度，体现出社会环境生活中的决策者和管理者以及参与者的乡村文化特征。世人只有尊重传统文化才会懂得尊重现在，才懂得吸取历史经验的教训，才会更好爱护和建造更好的明天。传统村落文化资源是在历史发展进程中形成的产物，标志着人类农耕文明和精神文明形成，囊括着人类智慧和劳动结晶。传统村落中的物质及非物质遗产都承载着历史文化信息，任何一代人都有责任和义务对传统文化遗产持有尊重、传承、保护及合理开发利用的态度。

6.3.4 创新保护实现可持续发展传统村落特色旅游

（1）传统村落特色旅游可持续发展的生态系统建设及实施

生态系统是指居住在同一地区的动植物与其环境是结合在一起的统一体，是生物与环境构成的不可分割的整体。[①] 传统村落的生态体系是一个系统工程，每一个传统村落与其本身周围的综合环境形成一个整体。旅游业得以正常地运行与自然及人的生活形成复杂的旅游生态系统，它是一个开放性的系统，并时刻与内部系统及外界的信息、物质等进行相互流通。根据这一生态理论，研究生态旅游相关问题首要是以保护与合理开发利用传统村落中生态系统为基础的各项旅游资源，从而呈现在传统村落中的文化景观及生态系统建设等各方面。本书通过对六盘水境内已经实施保护工作的传统村落妥乐村及高兴村中的各类旅游资源为载体，建设人文生态景观及自然生态景观的科学研究，使妥乐村及高兴村旅游资源像新西兰毛利模式保持上升的总体趋势，使传统

---

① 胡冀珍：《云南典型少数民族村落生态旅游可持续发展研究——以沧源翁丁佤寨为例》，博士学位论文，中国林业科学研究院，2012，第 84 页。

村落旅游生态系统保持周期性圆周运动规律，使境内传统村落旅游业得以可持续循环发展。

（2）自然文化景观与生态系统建设的意义

在传统村落保护中注重自然文化景观与生态系统的建设，对促进建设成美丽乡村具有深远的历史意义。如：妥乐古银杏生态景观，银杏作为国家一级保护植物，银杏果有食用及保健作用、树叶可作工艺品原材料及观赏用，还可成为区域文化精神信仰等。发展特色的古银杏资源、开发妥乐古银杏工艺品及食品产业，在妥乐当地旅游景观配置和生态环境建设中有重要的意义：其一，有利于加快人居环境宜居的美丽乡村建设及建立和谐社会环境。妥乐村依托传统的屯堡（屯军）文化及古银杏文化资源，其发展潜力巨大，被国家誉为“古银杏之乡”。妥乐村的银杏资源都生长在村内的门前屋后，村民的衣食住行及精神信仰与银杏息息相关，银杏也是村民的经济来源之一，村民有世代种植银杏树的习惯，生产生活与银杏结下深远的渊源。妥乐村的银杏资源较丰富，政府可通过宏观进行技术指导及推广，同时寻找实力较强的企业联合开拓产业发展，可以把银杏资源建设成妥乐村村民增收脱贫的途径之一，加快传统村落的穷、困、难的

图 6.4　妥乐村

图片来源：作者实地调研　2018 年拍摄

村民脱贫，加快传统村创建安定、团结、繁荣、和平、人与自然和谐的美丽乡村。其二，有利于实施做好美丽乡村绿化造林和森林资源的保护。传统村落因为在没有实施保护之前利益主体的不同，过度的采伐，导致生态环境遭到破坏。我国实施对天然林全面的保护，采伐过度的区域自然环境得到有效的提升，加上退耕还林等各项政策的实施，村民都加大对自然林地进行培育树种，在耕地种植经济林、果蔬等周期短、经济价值回收快的产业，使森林和自然环境得到保护。其三，有利于建成人居环境中美丽乡村的绿色经济及实现可持续循环发展。“绿色经济”“绿色产业”目前已经成为我国当前发展的主要趋势，银杏自古以来被视为珍贵的绿色食品，发展银杏绿色产业具有特色和优势，也是重要的组成部分。银杏从资源的培育到各类产品生产加过的全部过程中，采取以收购时间的不同发展多元化的产品类型和产业结构适应市场经营需求。可以引导村民和大型企业共同开发银杏产业，使银杏资源形成产业化的发展趋势，同时在大企业的参与中确保了产品的质量和宣传力度，这是开发银杏资源有效的途径之一，能有效地让传统村落的资源以活态的方式得以传承和发展，实现乡村振兴、美丽乡村的持续发展。其四，有利于建成传统村落特色旅游景观与保护生态环境。妥乐村境内古银杏 1 450 余棵，加上近年来陆陆续续种植的银杏树，据不完全统计有 3 000 余棵，全村一年四季银杏树呈现出不同的景观。春天全村呈现在一片嫩绿的银杏叶丛中，夏天一片绿海覆盖在妥乐村的房屋顶上，秋天暖黄色的银杏叶和银杏果给全村及游客视觉盛宴的同时带来丰收的喜庆，冬天银杏树叶随风飘散在全村空中把银杏的气息发散出来，让人心静凝神，枝条随着微风在拍打，吹奏出温暖的歌谣。

银杏资源开发旅游产品既能让村民增加收入及村民对银杏树精神寄托得以在多种形式中活态延续，同时还能有效地推动妥乐村传统文化在旅游业中展现其特色文化，从而促进区域生态环境的保护。银杏产业的发展可推动村落建设成生态和文化相结合的山地特色旅游景观。

图 6.5　妥乐村 绿色经济银杏林

图片来源：作者实地调研　2015 年拍摄

（3）生态景观建设中特色民族文化的活态传承与创新保护

把传统村落打造成乡村旅游景点，也是村民的期盼和愿望。随着乡村旅游的发展，人们对日常生活质量也有了新的要求，改善传统的居住条件成为人们普遍的想法，传统民居的分布还存在较多的缺陷，修缮、改造部分传统构筑物，开发和推广区域民间特色民族文化具有重要的意义，这能较好地解决山地喀斯特地貌中传统村落区域的生态及三农问题，保障村落旅游环境中的生态、经济、就业可持续发展，带动区域环境中少数民族的特产资源的产业化发展。六盘水境内的高兴村，从 1997 年开始实施生态博物馆的模式进行保护，近年来该村传统文化得以保护，但其村落的经济发展效益不佳。受保护的限制村落丰富的旅游资源没能得到有效的开发，保护的工作难以有效推进。政府于 2015 年重新对该村及周边传统村落进行规划设计，以体验陇戛寨长角苗族民族文化，参观和研究长角苗族古村落格局、传统建筑特点为展示重点，积极融入《贵州省乡村旅游规划》中“凯里—雷山—台江—剑河—黄平—施秉—镇远乡村旅游区”的特色苗寨。营造“观览风物民俗，抒发思古情怀，慰藉城市喧嚣”的中国独特传统村落旅游特色鲜明的旅游产品和名片。高兴村以全球集聚最为集中的长角苗传统服饰以及传统节庆活动为纽带，形成苗寨休闲度假、现代科技绿色农业的生态观光、长角苗古朴的民俗民风体验、独特的长角苗传统文化元素的相关旅游纪念品等，从物质需求到精神需求挖掘打造高兴村独特的少数民族地区旅游系列综合配套高质量产品，促进高兴村及周边区域社会环境中的经济增长和自然生态和谐发展。

通过积极融入新时代发展的新思潮，结合区域同文化特色相融合的方式发展乡村旅游。将该村独特的长角苗文化与黔东南苗族进行交流，并创新发展民俗观光、节庆体验、休闲度假、特色纪念品等独特的旅游产品，把传统资源进行创新研发，新老并存的复合型开发，彰显出鲜明的区域民族特色，才能让传统文化在新时代的今天得以活态有效的发扬光大及继续传承延续。在进行传统村落发展旅游业实践中，新西兰的毛利模式与值得好好研究，六盘水境内传统村落的文化背景与其有形式上的相似。

6.4 国外传统村落旅游资源开发案例启示

6.4.1 毛利生态文化旅游开发利用保护措施及历程

（1）毛利生态文化旅游开发措施

新西兰毛利人有着自己的传统文化价值观和信仰，因此他们以保护旅游生态环境为主题拟定了一系列保护措施，如下：

①通过环境监测（Environmental——Monitoring）、文化影响评价（Cultural impact assessments ）得出文化环境监测（Cultural Environmental Monitoring）报告。[①]

②通过游客对毛利文化活动（Tourism New Zealand——Visitor experience Monitor——Maori cultural activities）相关旅游体验客源所需要的满意度调查分析。[②]

③开发相关旅游产品满足游客需求，提高经济效益。通过以上措施可以让毛利文化旅游的开发更加科学、完整、可持续的发展，而六盘水市传统村落的旅游开发也该借鉴这种方式进行更好的发展。

（2）毛利生态文化旅游开发

毛利生态文化旅游从起步至逐步形成规模经历了“具环保监护责任意识的发展（Custodial developments）、依靠许多投资公司投入开发（Dependant developments）、自主发展模式（Spontaneous developments）”这三个过程，更好地将当地资源掌握在自己手中，增加当地人的就业机会，同时吸引开发商的关

① Lambert,Simon,ed.Maori Environmental Management[M]:Lincoln University,2011.

② 胡冀珍：《云南典型少数民族村落生态旅游可持续发展研究——以沧源翁丁佤寨为例》，博士学位论文，中国林业科学研究院，2012，第 84 页。

注，更好的对当地文化旅游项目进行投资，并在当地旅游开发区开发的发言权和决定权的同时更好更稳的发展，而六盘水市传统村落的旅游开发也可以向这三种发展过程靠拢。

6.4.2 创新传承和发展村落传统文化

我国传统村落的保护是在学习日韩邻国以及新西兰等国家在村落传统文化保护与开发利用的经验，并结合我国传统村落的实际情况，进行归纳总结出适合我国村落的开发保护思路。新西兰毛利文化保护与开发利用的模式与六盘水境内传统村落文化结构相似，可尝试学习借鉴其保护模式。

（1）借鉴毛利文化的有效开发保护

新西兰政府把新西兰定位于两个种族两种文化的国家，主要包括新西兰人与毛利人；确定毛利文化具有价值且有建设成为新西兰的主体文化的趋势。新西兰系统开发保护毛利文化的经验及毛利文化模式包括如下几方面：

①官方语言是英语和毛利语。英语和毛利语是新西兰的官方语言，在新西兰的国名、道路、旅游标示系统、图书馆、国家博物馆等都是随处可见的，旨在认识、传承和保护毛利语言文字[①]。毛利人的活动中心 Marae 会堂里的聚会厅具有祭祀、送葬、集会的作用，是一个神圣的场所，也是一个专研毛利文化和弘扬当地传统文化的场所。[②]而这一形式与六枝梭戛乡高兴村的戛房，用于祭祀等行为活动不谋而合。六盘水境内的少数民族传统村落有自

① Durie,M.H.The Business Ethic and Maori Development[M].School of Maorio Studies,Massey University,21st March 2002.

② Ka'ai,Tania.Ki Te Whaiao:An Introduction to Maori Culture and Society. Auckland[M].New Zealand:Pearson Longman,2004.

己的民族语言以及民俗信仰活动，我们可以借鉴其保护措施。

②尊重毛利人的传统和地名。尊重毛利人的传统和地名是新西兰官方的政策，对毛利生态文化的重视表现在印刷保存系列地理名称和文化遗址上面。新西兰的地名有毛利地名和欧洲地名两种形式，分别为土著毛利人和外来欧洲人所命名，现今保存完好，毛利人崇尚将自己所到之处的周围的物质进行明确的命名，但最详细的地图也较难获取较多的新西兰的地名及其文化地理信息，因此毛利人的命名是传统独特且神秘的[①]，而六盘水境内传统村落内的地名、村民等多以少数民族语言进行命名，这一点与毛利模式也是极其相似。通过对毛利人的传统和地名的借鉴，会对六盘水市传统村落文化地理方面的研究有较大意义。

③新西兰传统毛利表演艺术节。民族节日是承载一个民族文化、历史的舞台，通过它，我们可以看见一个民族历史的沉淀，文化的传承。

毛利表演艺术节的举办在新西兰是很受重视的，其相关人员系统总结了自1972—2000年以来艺术节经历的“从草根形式的自发活动（Grassroots resource），开始到成功组织（Organisational Age）”过程中的经验和不足，同时新西兰著名学者Parehau Richards &Chris Ryan对毛利表演艺术节的成功举办进行不同角度的归纳总结[②]，境内少数民族较多且集中，较多的传统技艺、

① Butler,R.*Geographic research on tourism,recreation,and leisure: origins, eras, and directions*.Tourism Geographies,2004,6(2),143-162.

② Ryan,Parehau Richards &Chris.“*The Aotearoa Traditional Maori Performing Arts Festival 1972-2000.A Case Study of Cultural Event Maturation.*” .journal of tourism and cultural change, 2004 2(2):94-117 .

传统舞蹈等都值得学习借鉴，这对在六盘水境内传统村落举办民族艺术节等活动也是值得借鉴与学习的。六盘水市传统村落的民族节日文化底蕴深厚，具有一定价值，因此，推销传播六盘水市传统村落的民族节日文化，有利于扩大其民族节日的影响力，更好的将其传统文化引入各地。

④毛利“舞蹈（HA KA）”的开发利用。“HA KA”在新西兰的毛利多种节日中都会进行的一种舞蹈，已经形成了毛利民族舞蹈的标志，主要是表现以战争题材为主的勇士舞，舞蹈演员上身裸露，下穿草裙，面纹花纹；动作豪迈粗犷，现今是国家仪式的一种，特别是在国际赛事前会进行表演，以激励选手的斗志与勇气[①]，而六盘水境内布依族的“八音坐唱”在国内也是具有突出的区域代表性，高兴村长角苗独特的舞蹈非常具有特色。

图 6.6　高兴村 欢快的苗族舞蹈

图片来源：作者实地调研　2016 年拍摄

① Royal,Te Ahukaramū Charles.“‘Māori Creation Traditions’,Te Ara-the Encyclopedia of New Zealand.”

⑤毛利生态文化旅游的成功营销策略。新西兰 2015 旅游发展战略（NEW ZEALAND TOURISM STRATEGY 2015）强调将新西兰的“本国人民、地方、经历、饮食文化、酒文化等”各方面作为一个整体的旅游产品形象出售[①]，而六盘水传统村落传统文化可参考其发展战略进行营销模式，打造各传统村落旅游资源中独特的文化品牌。

毛利民族的较多独特的文化产品销售措施是得到新西兰政府通过旅游促销的方式进行的，使得毛利文化旅游种类丰富多样，发展迅速，经济有显著的提升。[②]而六盘水的部分文化旅游业应向其借鉴，杜绝盲目开发，一味跟风，应更加注重提高其服务与品牌意识，打造更好的民族文化品牌。

6.4.4 对六盘水市传统村落旅游文化资源保护开发利用的启示

（1）开发利用启示

虽然六盘水市传统村落少数民族及传统居民与新西兰毛利人处在不同的国家，但都有着浓郁的少数民族文化及民间文化，也同样存在怎样发展旅游文化和保护传统文化的问题，所以两者是有可比性的，而新西兰毛利旅游开展较早，相对也较为成熟，所以具有一定的参考借鉴价值，如下：

①新西兰毛利生态文化旅游村模式是依据毛利中心旅游——

---

① Yang,Li.Minorities,*Tourism and Ethnic Theme Parks:Employees' Perspectives from Yunnan*,China. Journal of Cultural Geography.2011,28(2):311.

② Page,Stephen J.and Kaye Thorn.*Towards Sustainable Tourism Development and Planning in New Zealand:The Public Sector Response Revisited*.Journal of Sustainable Tourism,2002.10(3):222-22.

银蕨螺旋价值观模型为基础而形成的一种基本模式，具有“体现好客文化（Hospitality）、责任环保意识（Guardianship）、自主发展（self-determi nation）等”理念皆旨在可持续发展，六盘水市妥乐村古银杏“树”文化可参考其建立完整的文化体系。毛利银蕨文化模型使得银蕨成为其民族精神与可持续发展的徽标，旨在告诫人们珍惜、保护现有的自然人文环境，可持续发展。

古银杏是六盘水市妥乐村在历史的沉淀下形成的“树”文化，古老苍劲的古银杏象征着当地人文历史的厚重，寄托着人们的民族精神与信仰，其村寨先民各辈对其进行了较好的保护，定下了严肃的族规：“木不成株，枝叶何盛，毁树者罚跪，砍树者棒打”，形成“人树相依”的独特文化，人们抱着对其敬畏之情，会举行祭树活动，包括念祭文、唱山歌、跳板凳舞等，同时还会在树上挂满许愿条，虔诚地诉说着自己的心愿。人与自然处于和谐稳定发展的状态，所以可借鉴新西兰毛利银蕨螺旋价值观总结提升古银杏“树”文化符号，形成体现六盘水市传统村落“好客文化（Hospitality）、责任环保意识（Guardianship）生态文化旅游”的价值观，以这些理论为前提，建立起完整的可持续发展调节机制，在减少财力、物力的消耗下更好地进行生态环境保护、生态旅游可持续发展。

图 6.7　妥乐村 树伴人家

图片来源：作者实地调研　2015 年拍摄

②体现生活艺术化贯穿毛利中心旅游——银蕨螺旋价值观的旅游纪念品。毛利旅游纪念品有着当地独特的“银厥”文化底蕴，其价值不是经济可衡量的，人们对其是抱有一种艺术的追求，而非商品的盈利，会感到生活被艺术化，人生被艺术化。物品对人的价值不完全在于物品的贵重程度和经济价值，更重要在于人对它的理解和所投入的情感。所以六盘水传统村落的旅游资源开发可对其借鉴，形成独有的、艺术性强的旅游纪念品，为人们繁琐枯燥的生活点缀艺术的光彩。

图 6.8　高兴村 刺绣纪念品

图片来源：作者实地调研　2016 年拍摄

③关于传统文化旅游活动的研究和开发。传统村落的旅游规划都注重保护和尊重当地的传统文化，运用传统知识深入管理和研究开发，同时借助经验与教训完善提高旅游营销措施，建立发达的旅游信息系统和基于毛利传统文化和概念的环境监测及评价体系，在促进当地旅游发展的同时保护原有的生态机理。而六盘水传统村落的文化旅游活动的开发应当向其借鉴，完善相关旅游系统。

（2）传统村落旅游资源产品开发

六盘水境内的传统村落的旅游产品开发应依据当地村落的自然生态环境以及人文底蕴等综合要素来确定。境内的传统村落属性多样化，有民族文化类也有自然景观类的旅游区，可以开发某些传统村落的原始宗教旅游产品、村落传统民族建筑旅游产品、村落传统少数民族歌舞旅游产品以及独具特色的村落旅游产品等。

而六盘水市地处云贵高原一、二级台地的斜坡上，为亚热带湿润季风气候，属于典型的立体气候，传统村落大都位于周围群山连绵、林木苍莽的环境下，也可以开发原始农耕旅游产品以及运动探险旅游产品等。

从人文环境来看，境内的传统村落兼有彝族、苗族等多个少数民族的文化特质，多个少数民族在旅游区这个大环境和谐相处、和睦共居，是典型的少数民族大家庭的缩影，因此多民族和谐相处的村落生存环境也是一个可以重点打造的旅游产品。

按照旅游产品开发总体规划，在开发上述旅游产品系列外，可根据境内的传统村落特色的工艺品进行重点开发出相应的独特产品。可以包括传统手工艺品、家具、乐器、“缩影建筑物”和装饰性用品用具等一系列反映出当地传统村落特色的一系列工艺品。

传统村落生态文化旅游和相应服务产品的开发，可以更好地满足人们回归传统村落生活、追求时尚以及标新立异的消费观念。其产品独特性、观赏性和更高的艺术价值，将有效提升六盘水传统村落开发景区的精神文明以及文化品位，且能大力提升相应旅游产品的市场竞争力。

6.4.5 加强传统村落人文关怀推动传统村落文化保护

传统村落中的美丽乡村建设依附于传统村落的资源开发，而旅游资源的开发依托乡村的基础设施建设及服务设施建设，加强乡村联系紧密的基础硬件环境建设的力度，需要把大部分的资金优先投入到传统村落保护与开发的重点项目中，优先推进文化遗产保护、村落休闲设施、体育设施的建设及免费开放的公共设施，积极促进传统村落人文关怀，推动美丽乡村空间改造。

表 6.2　传统村落保护相关内容统计表

序号	名称	内容
1	自然环境和文化遗产	加强（国家、省级、县级）重大文化及自然景观遗产地、（国家、省级、县级）重点保护单位、传统村落保护设施建设、从传统村落（国家、省级、县级）非物质文化遗产保护，加强传统村落传统构筑物以及传统历史街区保护，推进非物质文化遗产保护与利用设施建设
2	村落文化设施	建设传统村落文化、技术图书阅览室、民族农耕文展览馆、非物质文化遗产展览馆及体验中心、民族文化表演基地等设施，同时配备老年人交流活动区等
3	体育休闲设施	建设村民活动篮球场以及群众户外登山休闲步道等健身区域，同在制定的区域设置便捷的体育设施
4	公共设施	免费向所有人开放的公益性古建筑、古桥梁、寺庙、文化展览馆和公益性环境景观节点

传统村落改造成美丽乡村大致有如下内容：

①传统村落中的自然环境及传统建筑，同时村里内的基础设施的整治优化提升，着力改善传统村落的人居环境，营造乡村的人居环境，不断改善和提升村落的生活环境和生活品质。

②传统村落规划设计在守住国家相关保护法规的基础上突出体现本土文化特色，建造村落景观艺术具有独特的乡愁情怀，体现本土当地各民族文化特色，时刻关注村落民族的体验与游客的体验及感受。

③全力推进发展乡村文化企业、产业，在传统村落空间中渲染不同程度、不同层次、独具特色的文化产业活动，满足游客的精神文化需求。

④大力发展村落传统文化产业、创意产业，着力培育创新创

造活态传承为核心的新型产业，增加传统村落的文化创意度以及村落经济活力，同时不断丰富传统村落的文化内涵，并引导游客进行文化消费，让游客深入体验传统文化的经历。塑造具有优秀的村落形象名片，吸引年轻人深入掌握传统技艺，让传统文化在新时代得以活态传承，形成新鲜持久的新生命力和竞争力，同时助推乡村振兴战略的发展。

第七章　案例分析

7.1 六盘水市六枝特区梭戛乡高兴村陇戛寨

六枝特区梭戛乡高兴村陇戛寨是我国传统村落启动保护实施工作较早的村落。梭戛乡陇戛寨是最初以生态博物馆的模式进行保护，项目启动在20世纪末，该项目的建成也开启我国少数民族传统村落保护的先河，并提出了“六枝原则”。在20多年的保护与发展中，传统文化资源不断被挖掘，但保护与开发利用效果不适应当前社会发展的需求。在经过20多年的实践检验并结合当前社会发展需求，陇戛寨被列入中国传统村落名录后，2015年六枝政府请贵州久成规划设计有限公司对六枝特区梭戛乡高兴村及周边传统村落保护发展规划（2015—2030年）进行设计。该设计以保护高兴“长角苗”少数民族村落的历史传统文化遗产及传统村落特色风貌与自然人文景观为目的，并指导高兴村传统村落文化资源保护与建设事业协调发展，继续弘扬繁荣我国传统文化，合理利用传统村落的各项旅游资源及提升其发展的能力，改善世居居民的生活环境，实现传统村落整体的、真实的、可持续的保护与活态的传承。

六枝梭戛乡高兴村辖陇戛寨、高兴寨、补空寨和小田坝寨四个自然寨，保护总面积为5.26平方千米，主要规划范围：陇戛寨（面积为9.91公顷），梳理村落具有价值特色的物质资源与非物质文化遗产，提出保护传承的措施，改变传统产业结构，在初步见成效的种植业及旅游观光的基础上进一步发现和发掘传统村落中的自然旅游资源及村落内部传统文化旅游资源，已建成田园风光的美丽传统村落要保护和传承好村落中的各项历史文化资源。

7.1.1 区位

图7.1 六枝梭戛乡高兴村区位图

六枝特区梭戛苗族彝族回族乡中的高兴村坐落于六枝特区北部，该村东边和北边都与毕节市织金县交界，西与顺利村相连，南与乐群村相邻，距乡政府驻地 4.5 千米。

图 7.2　六枝特区梭戛乡高兴村陇戛寨传统村落保护与发展规划红线

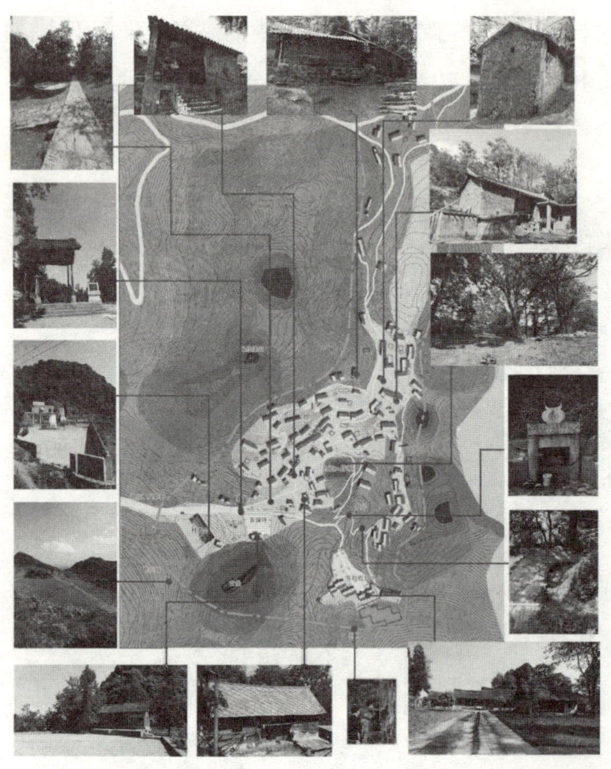

图 7.3　六枝特区梭戛乡高兴村陇戛寨传统村落保护与发展规划现状分析

7.1.2 指导思想

以贯彻国家规定的“保护为主、抢救第一、合理利用、传承发展”的方针为设计的思想指导。设计思路为深入挖掘高兴村的历史传统文化内涵和具有独特特色的各类资源，坚持保护原貌、有机更新、科学利用、融入新时代的方式，合理处理好传统村落保护与发展的关系。

（1）明确村落历史文化资源及环境构成要素

建立科学合理的保护措施与发展观，确定好历史文化资源及环境构成要素，从而更加明确地对传统村落加以保护传承。传统村落中的古井、古树、古道、古建筑、古堡以及公共设施构筑物等都凝聚着该村落历代先民的智慧，对其采取禁止破坏按原貌保护及优化周围环境，让其功能得以继续使用的同时宣扬传统文化。

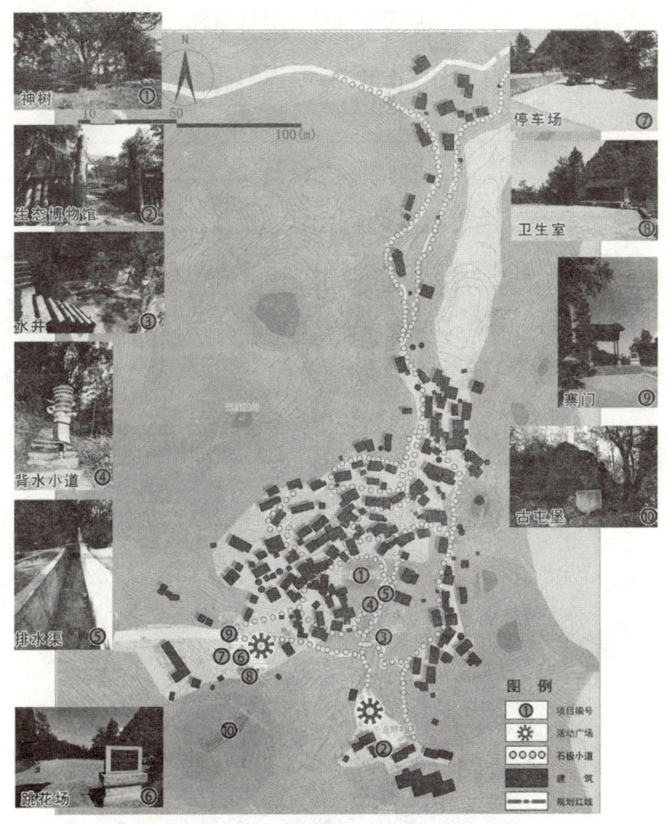

图 7.4 高兴村陇戛寨传统村落保护与发展规划历史环境要素的分布

(2）保护范围

传统村落陇戛寨的保护是根据该地块现存历史构筑物等要素

遗产的分布，结合分析该区域范围内价值特色的基础上按照“整体保护、分区对待”的原则，对其进行分级进行保护。考虑到村落的长远发展的可操作性，高兴村分为核心保护区、建设控制区以及环境协调区三个等级进行保护。

表 7.1　陇戛寨保护区分区指标表

保护分区	面积（公顷）
核心保护区	1.68
建设控制地带	12.31
环境协调区	31.03（全部在村寨规划范围外）
总面积	45.20（村寨规划范围为 9.91 公顷）

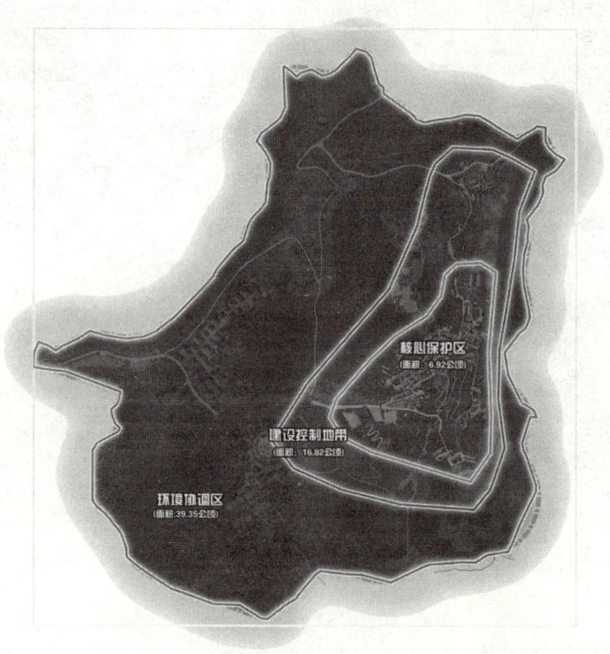

图 7.5　高兴村陇戛寨传统村落保护与发展规划分级范围

7.1.3 设计思路与对策

（1）景观构成

村落规划形成“一心、一带、六区”的空间结构，其中：

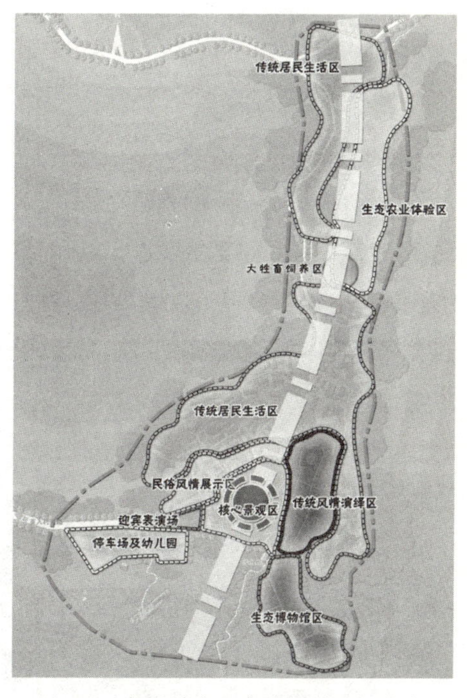

图 7.6　高兴村陇戛寨传统村落保护与发展规划结构分析图

①一心：即核心展示区。通过迎宾表演场表演热情洋溢独具一格的芦笙舞、苗族山歌等歌舞节目，依托民俗展示馆通过实物、图纸、影音等方式介绍苗族同胞的衣食住行、刺绣、蜡染等丰富多彩的文化艺术，既能加深游客对苗寨印象，又能向外界展示苗族悠久的历史文化和风土民情。

②一带：即由山、寨、田、水等元素形成的坡地生态山水景观带。

③六区：生态农业体验区、大牲畜饲养区、民俗风情展示区、传统风情演绎区、传统居民生活区、生态博物馆区。

（2）总体发展规划图

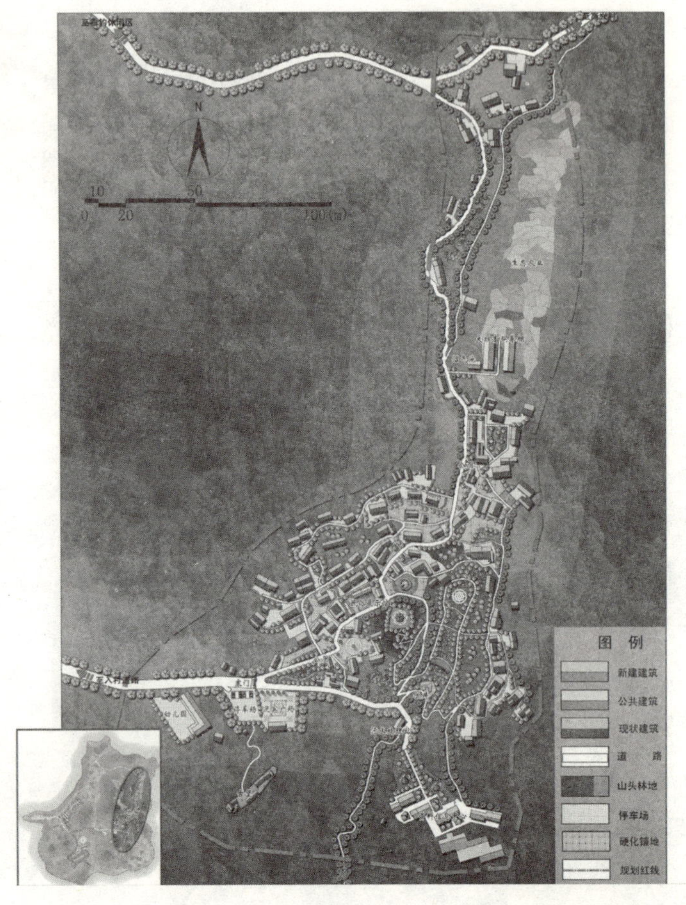

图 7.7 高兴村陇戛寨传统村落保护与发展规划总平面图

图 7.8 高兴村陇戛寨传统村落保护与发展规划游赏规划分析图

7.1.4 资源开发案例分析

（1）资源开发

以长角苗独特的服饰、传统节庆活动为纽带，形成苗寨观光、生态观光、民俗风情、度假休闲、特色苗族纪念品购物等多种旅游系列产品综合配套、协调发展的整体态势和格局。

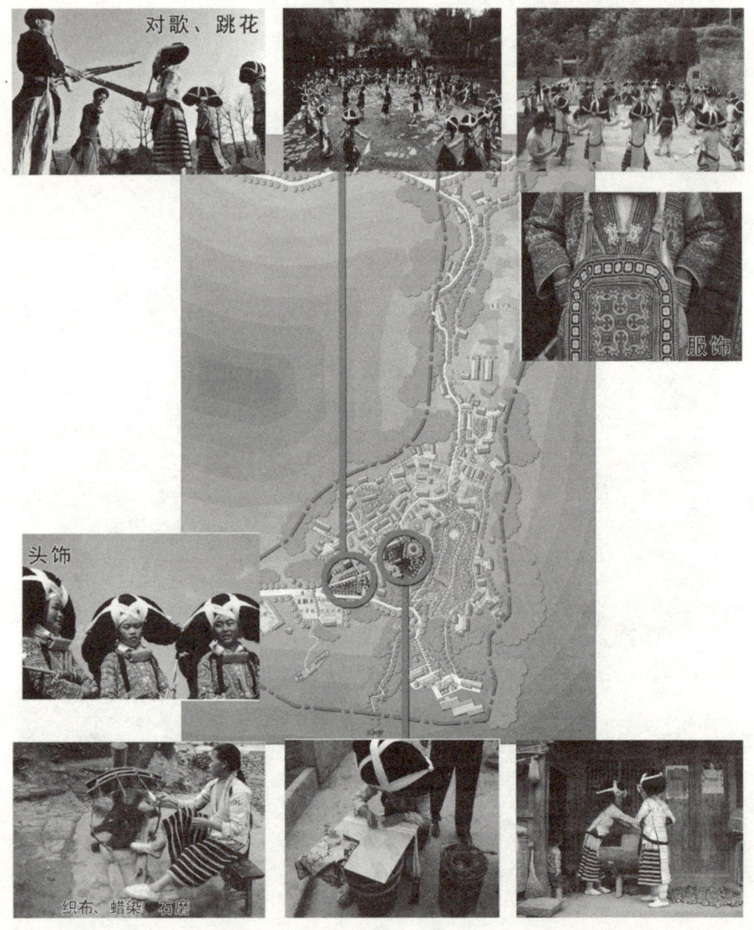

图 7.9　高兴村陇戛寨传统村落保护与发展规划及非物质文化活动场所规划图

图 7.10　高兴村陇戛寨传统村落保护与发展规划民族特色风情介绍

（2）传统建筑保护措施

高兴村中的历史建筑载有真实的历史信息，是体现传统村落历史文化价值主要载体。针对高兴村中的历史建筑的保护应注重村落建筑布局、传统街巷、传统建筑。主要包括大多数的居民建筑、传统村巷空间等要素，要求“空间结构完整，传统风貌完好，视觉景观连续”。

首先要修缮毁坏严重的历史建筑，做好详尽的修缮纪录。对村内现存历史建筑的屋面、屋顶、院门进行检查，加以整修，以防坍塌。对现已坍塌的建筑，如对村落的完整性起重要作用，并有详细可靠的历史资料和形象记忆，可以按原样恢复。对村落风貌不协调的现代建筑可采取整治或拆除，其余被毁古建筑可以采用遗址保护的方法，一般可以清理并露出基址，并做绿化处理，美化和参观。不属文物保护单位或准文物保护单位的老宅，允许居民重新装修内部，改善厨房、卫生设施，增加现代化卫浴。部分历史建筑经有关部门设计审批后作展示、服务之用，但不得改变原有建筑的形式、结构、空间关系、色彩、材料。若建筑内部必须做改动，需经过有关专业部门设计并报管理部门审批，在传统建筑中部分内为砖石结构、木结构建筑的保护措施，即保留原始风貌，只能在局部进行修缮达到修旧的效果。巷道两侧禁止使用与古村落环境不协调的卷帘闸门窗或其他形式的现代门窗，禁止使用和古村落不协调的店铺招牌、灯箱及其他装饰。

图 7.11　高兴村陇戛寨传统村落保护与发展规划传统建筑整治

图 7.12 高兴村陇戛寨传统村落鸟瞰图

7.1.5 实景照片

图 7.13 高兴村陇戛寨信息中心

图 7.14　高兴村陇戛寨村民房屋

7.2 六盘水市盘州市妥乐村

妥乐村历史文化悠久，2012 年被评为“全国生态文化村”，2014 年被列入国家级中国传统村落名录。请贵州大学勘察设计研究院编制的《盘县妥乐村传统村落保护与发展规划（2015—2030）》中挖掘妥乐村具有屯堡文化和古银杏林，在保护与开发利用时应以珍贵的银杏资源为保护中心，尊重村落中的建筑及构筑物的传统格局以及历史文化环境，以“人树相依”为核心，不断改善公共基础服务与设施，提升旅游服务质量，建成集传统村落游赏、科普休闲和民俗体验为一体的旅游型传统村落。

7.2.1 项目区位

妥乐村坐落于石桥镇的西北面，村的东边与鱼塘村和东冲村乡接壤，西边连着鲁番村，北与水塘镇相交，南到南冲村北面相接，辖区域面积 7.72 平方千米。该规划以最大限度对妥乐村的传统风貌、村落格局以及周边环境进行整体保护。保护以妥乐村古寨为中心，东到后岩山，西临村对面山的山脊，北靠妥乐村风景区的大门，南抵新寨门，覆盖村域 34.72 公顷以内的相关历史环境要素和自然环境要素。

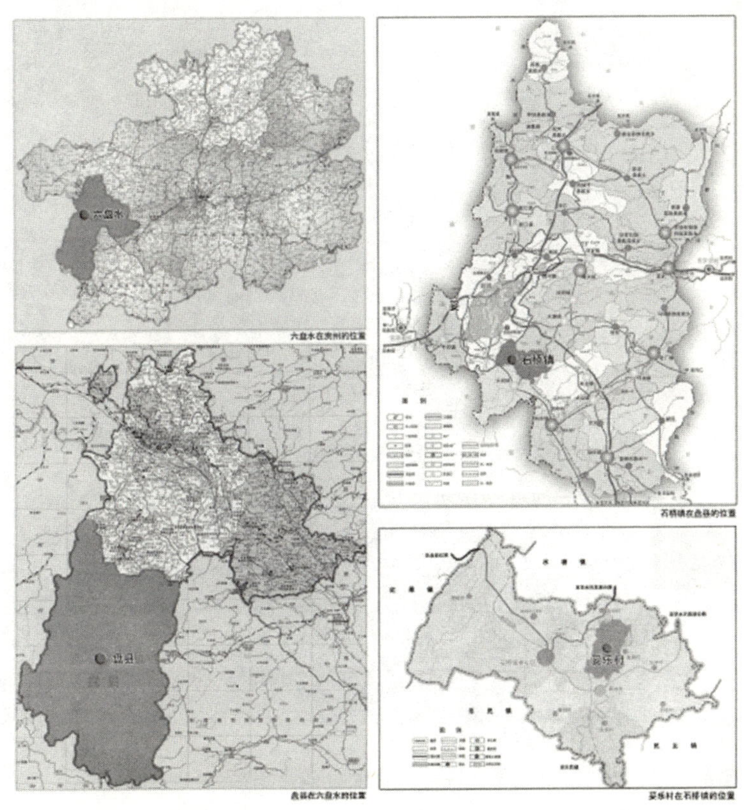

图 7.15 盘州市妥乐村传统村落保护与发展规划区位图

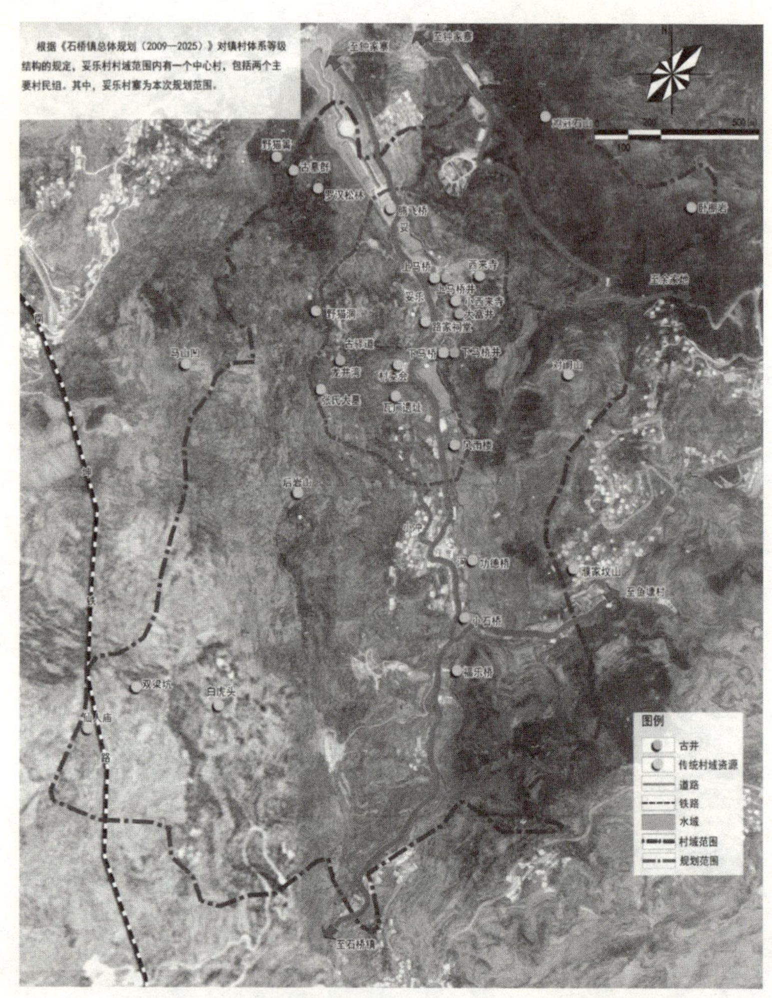

图 7.16　盘州市妥乐村传统村落保护与发展规划现状分析图

7.2.2 指导思想

以保护为主兼顾发展。规划中遵循保护文化遗产本体、环境的整体性和原真性以及可持续性的原则，科学合理的处理好保护与开发利用的辩证关系。对妥乐村进行总体规划和寻找有效措施，为保护传统村落各项文化资源创造有利条件，从而促进村落经济社会发展及有效改善村民的生活及工作环境。

规划时贯彻“以人为本”的指导思想。以民为主体，针对妥乐村现有实际情况，并广泛征求妥乐村村民、专家及政府的意见，科学合理进行规划设计。首先通过传统村落的保护与旅游开发相结合的模式，进行活态传承妥乐村的传统文化，弘扬民族与妥乐地方优秀传统文化。其次通过传统村落旅游资源的合理保护与利用既能促进旅游的发展。这样改变妥乐村的传统展业结构，让物质文化与非物质文化遗产为妥乐的屯堡文化和古树文化的活态传承，在旅游业中找到可持续的文化生产空间，同时促进该村的经济发展，改善妥乐村居民们的生活环境与生活质量。

（1）历史文化资源及环境构成要素

妥乐村历史文化资源丰富，拥有古银杏树林、古桥、古驿道、古井、古墓等，这既是先民生活的遗迹，更是村落旅游开发景观的亮点。

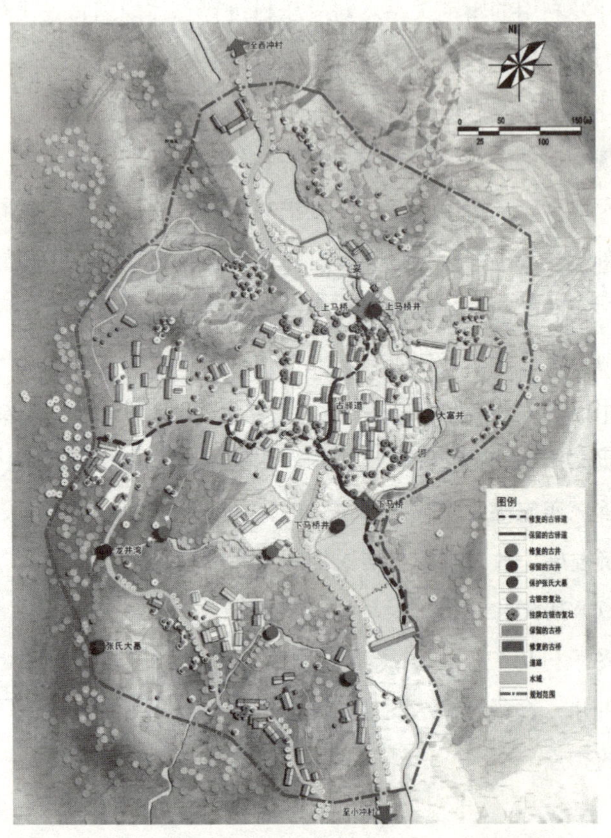

图 7.17　盘州市妥乐村传统村落保护与发展规划历史环境要素的分布图

（2）保护范围

妥乐村的保护区域从分析和研究其价值特色的基础上，根据妥乐村现有实际情况采用“整体保护，分区对待”的原则，根据《传统村落保护发展规划编制基本要求》等相关规定，对妥乐村村保护的区域划分为三个等级，核心保护区、建设控制地带、环境协调区。

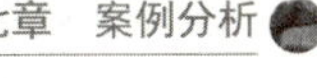

表 7.2　妥乐村保护区分区指标表

保护分区	面积（公顷）
核心保护区	14.2
建设控制地带	20.5
环境协调区	250.5（全部在村寨规划范围外）
总面积	285.2（村寨规划范围为 34.72 公顷）

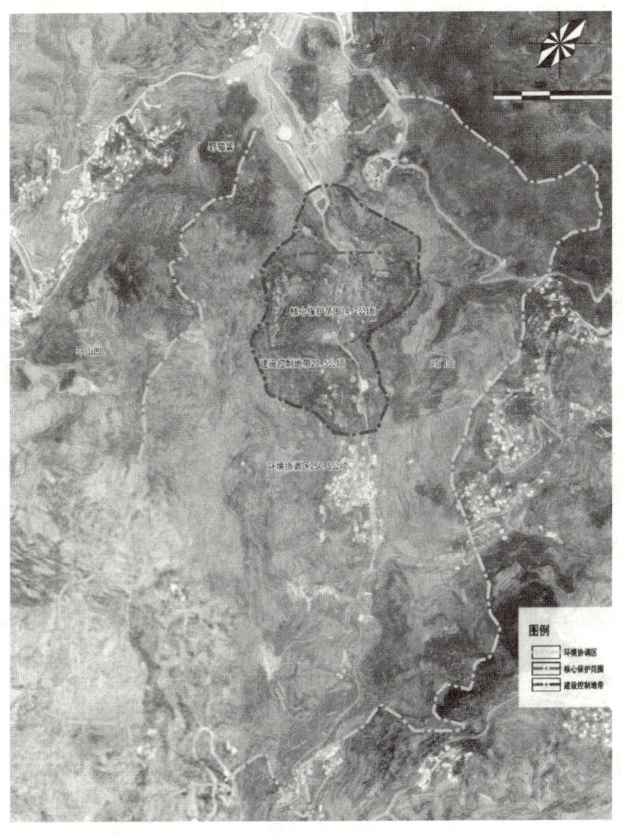

图 7.18　盘州市妥乐村传统村落保护与发展规划分级范围图

7.2.3 设计思路与对策

（1）景观构成

村落规划总体形成“一带、一轴、一环、一心和五区加多个节点”的整体空间组织结构，其中：

“一带”以穿越村落中的妥河为景观轴线的妥河两侧田园风光景观带。

“一轴”以横穿古村落中部的道路以及村落现状分布格局发展形成妥乐村的发展轴。

“一环”则是有妥乐村两侧山体组合形成的环状育林区。

“一心”是指妥乐村中传统建筑及古银杏树比较集中的区域形成传统古寨核心区。

因村落内部地形总体呈峡谷状，两边高中间低，南北两侧可利用地狭窄，空间上形成了外围山坡树林景观环。

五区：分别由村寨中的艺术家工作园渗透发展区、公共服务区、古村寨树屋核心区、综合服务区、田园风光保持区五个区域。

①古村寨树屋核心区：位于用地中心，是传统建筑和使用功能比较集中的区域，将来可作为游客观赏村寨和传统建筑的主要区域。

②综合服务区：位于用地北部，是现在游客服务中心所在地，将来仍然作为游客集中和疏散的主要场所。

③田园风光保持区：位于用地东侧，妥河旁边，现状是妥乐村耕地较为集中的地点，将来对其进行保护改造，作为田园风光观光保持区。

④公共服务区：位于用地中南部，包含村委会、医务室和村

民活动中心。

⑤艺术家工作站渗透发展区：位于用地南侧，将在瓦厂遗址上设置艺术家工作站。

多点分布：主要有张氏家族的四合院、路氏家族的四合院、游客服务中心、村寨中的公共社区服务中心、银杏树树王景观点以及艺术家工作站等。

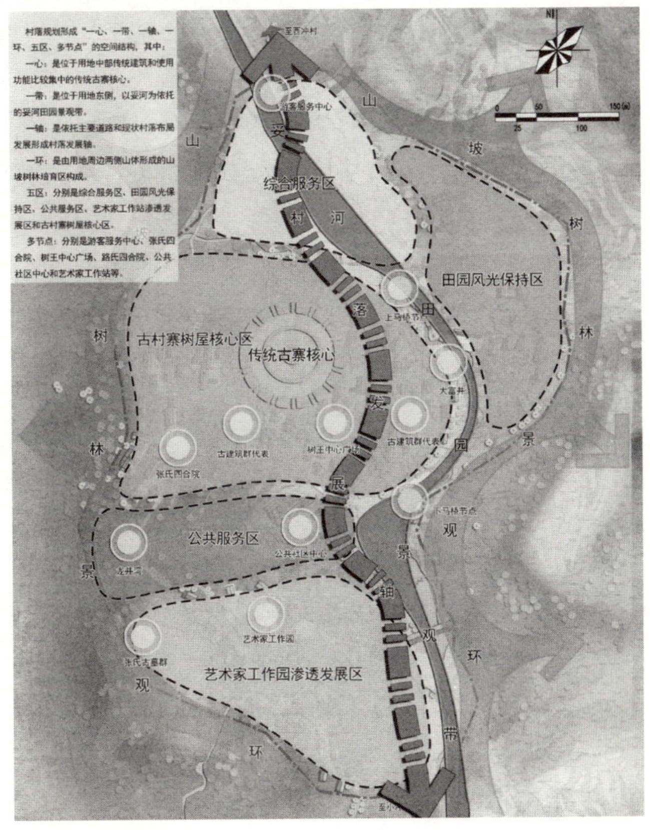

图 7.19 盘州市妥乐村传统村落保护与发展规划结构分析图

（2）总体发展规划图

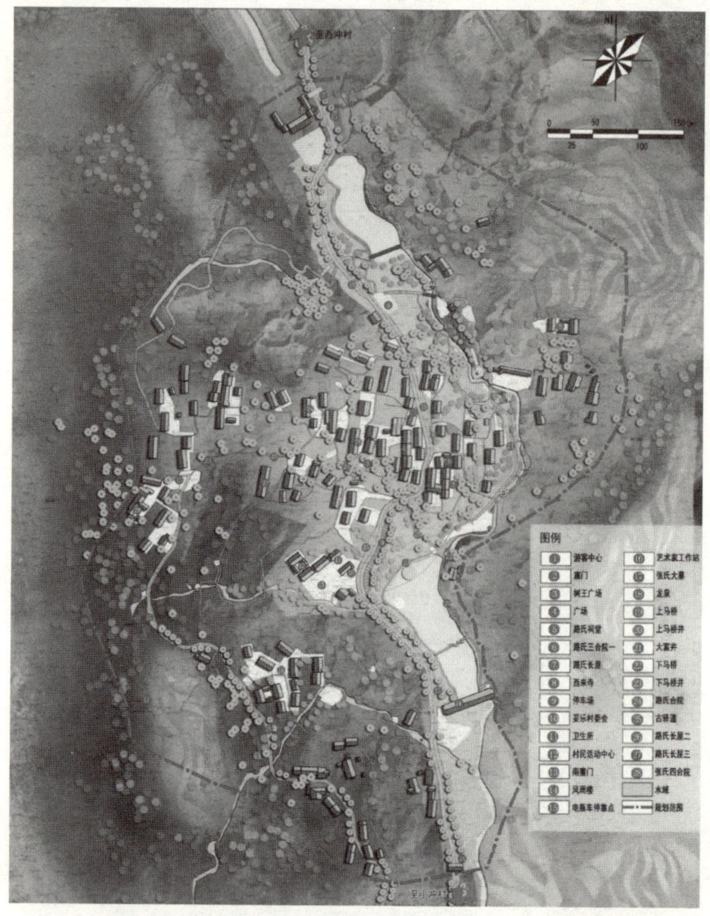

图 7.20　盘州市妥乐村传统村落保护与发展规划总平面图

7.2.4 案例分析

（1）资源开发

妥乐村拥有良好的自然生态环境和独具特色的千年古银杏

林，环境舒适宜人。村落中现保存着较多的传统文化元素，大多数村民保持着传统的生活习俗。村落中各项资源的合理保护及开发利用，塑造外来游客享受独特体验。

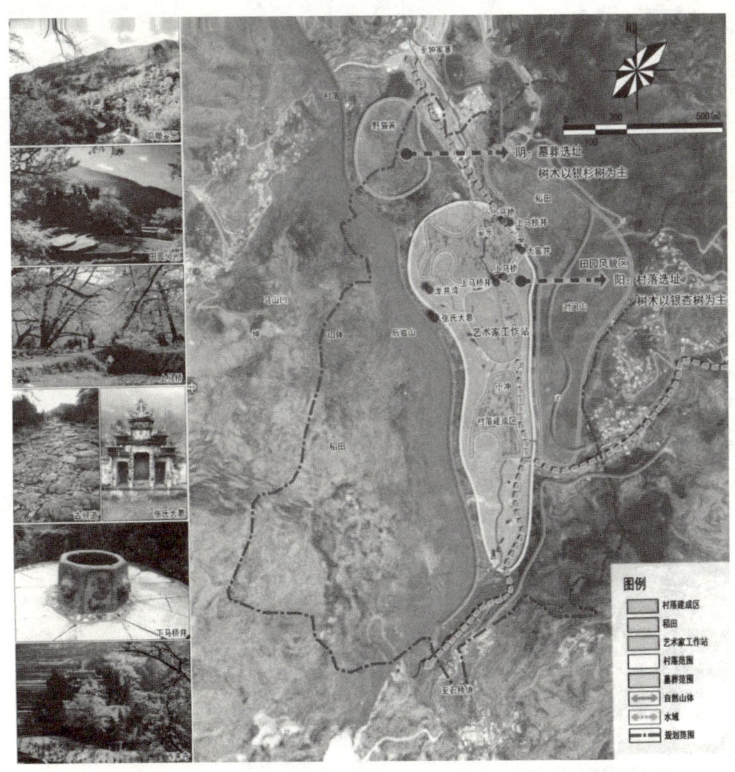

图 7.21　盘州市妥乐村传统村落保护与发展资源分析图

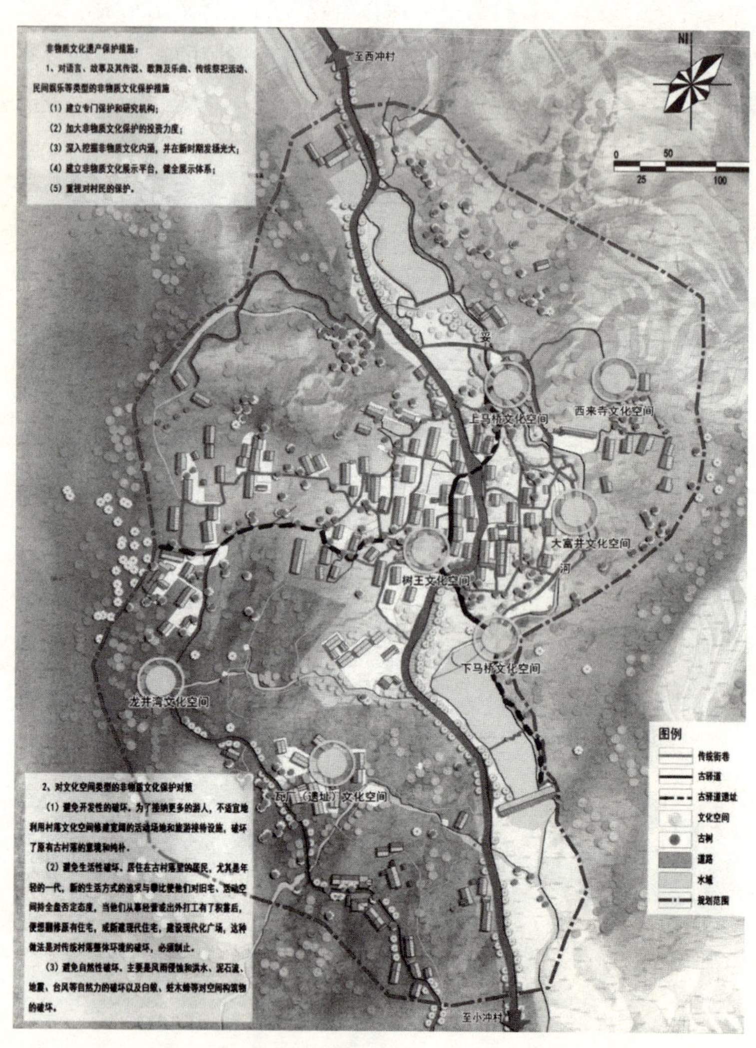

图 7.22 盘州市妥乐村传统村落保护与发展规划

非物质文化活动场所规划图

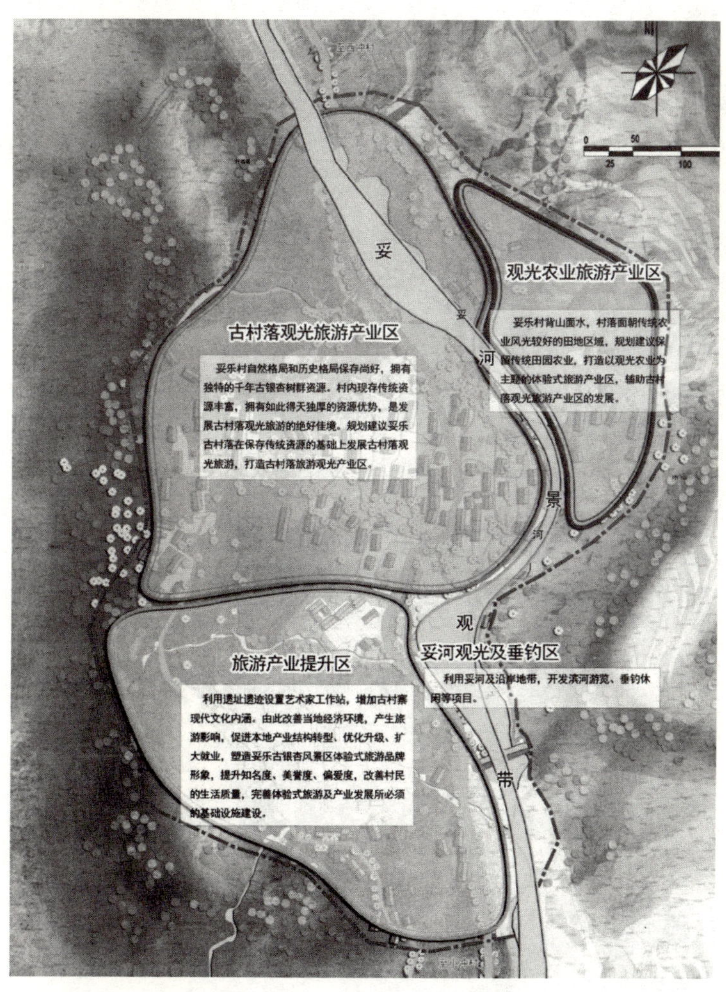

图 7.23 盘州市妥乐村传统村落保护与发展规划结构分析图

（2）传统建筑

妥乐村内现遗存着大量的传统建筑，有寺庙及传统民居建筑。明朝及明朝以前的传统古建筑有 8 栋，清朝时期建筑 17 栋，民国时期建筑有46栋。所有的建筑都坐落在银杏树旁，与银杏树形成相互依靠的关系，银杏树分布在村落的中部且树较密集。妥乐村的民居建筑大多不设置厢房，全村在银杏树林的掩映下显得若隐若现，形成村寨与古银杏相互依伴的完美画面。

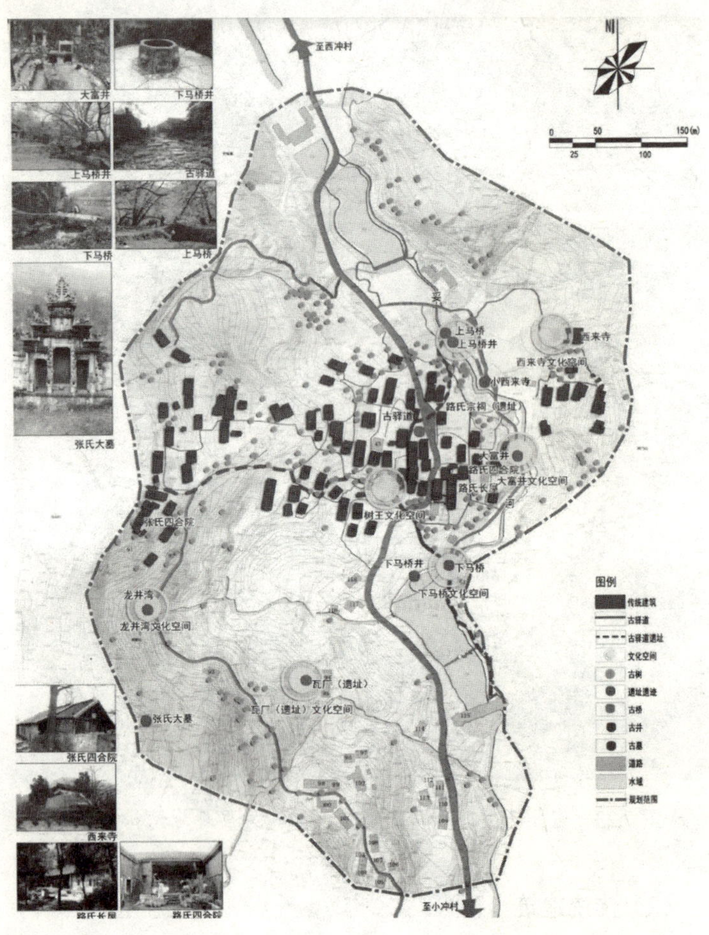

图7.24　盘州市妥乐村传统村落保护与发展规划传统建筑要素分布图

7.2.5 实景照片

图 7.25　盘州市妥乐村传统村落村上马桥、上马桥井

图 7.26　盘州市妥乐村传统村落村域图

7.3 结论与展望

十八大以来，六盘水全市范围内面临产业结构调整。全市大力发展宜居、休闲旅游，在近年来的发展中，各项建设取得较大突破。境内各村落的基础服务设施也在不断完善，市民出入交通便捷了许多，多数闲置土地林地变成了青山果林，空置的水塘、湖泊变成了旅游休闲的景观点，传统的节庆和其他大型节庆活动增多了，外来的游客也在不断地增多。六盘水市结合特有的民族传统文化、山地喀斯特地貌特色、独特的气候资源等在城市及村落中大力发展旅游业。

目前政府在对各传统村落进行保护与开发利用的同时并着力进行规划和实施。采用科学合理的手段挖掘村落中的各项旅游资源，并以保护为主兼发展并存的方式进行资源整合，把资源进行资本化运作，从而合理地开发和利用。结合各传统村落的历史传统文化、自然景观和本地区的民族文化，不断开发具有独特文化内涵的旅游产品，让传统村落的传统文化得以在旅游业的活动空间中得以活态传承。加大乡村产业结构开发的改革力度，不断推进乡村生态环境的改善与修复，让传统村落的产业得以复兴，努力建设美丽型传统村落。

7.3.1 本书研究的创新点

本书在六盘水实施传统村落保护（生态博物馆）的基础上对 2016 年前列入国家级传统村落名录的 9 个传统村落开展研究。调查和梳理 9 个传统村落的旅游资源，并进行分级分类梳理，提出注重资源的保护，学习借鉴国外对传统村落保护的案例经验，促进我国相关部门科学合理有序地对传统村落资源进行保护和开发利用。

六盘水市政府提出的“三变”政策，以创新合理的方式盘活了村落的各项资源，有效地调整了村落中传统的产业结构。产业结构的改革建设，使闲置资源、资金合理利用在市场体系中，转变了传统的资源利用模式和观念，把村落资源转变为乡村发展的资本，让村落中的各项资源进行盘活为乡村振兴构建美丽传统村落奠定坚实基础。

7.3.2 本书研究的不足之处

本书调研的村落因其传统文化不一致、村落分散、少数民族较多、旅游资源丰富，如各传统村落的传统居民、传统生活习俗、历史文化以及各村落所居住的村落整体风貌、建筑风貌等。近年来的调研对摸清楚各个传统村落的文化资源和全面了解及挖掘非常的困难。传统村落旅游资源的保护与开发利用涉及文化保护、旅游开发、环境保护以及各个传统村落村民的生活等方方面面，要全面系统地梳理清楚它们之间的相互影响更是困难和阻碍重重。本课题只是初步梳理六盘水市入选国家级传统村落名录的9个传统村落的旅游资源开发与保护，在后续工作中需要继续深入细化开展研究工作，并不断加入专业结构转变较好效益等的相关内容，努力全面完整地展现美丽传统村落环境。

六盘水境内传统村落的旅游资源开发与保护是在国家对新一轮的传统村落保护的前提下进行的，政府相关职能部门对个别传统村落保护研究较早，但对其他还未被列入国家级传统村落名录的村落没有进行保护研究。研究六盘水市传统村落旅游资源开发保护的成果不多，没有能直接借鉴和参考的文献资料。由于作者研究传统村落方面的经验尚浅，在许多的内容还存在不同程度的缺陷和问题，将在日后的学习研究工作中进一步改善和提升。

7.3.3 展望

六盘水市地处贵州西部，在漫长的历史发展进程中因地形地貌、交通不便等原因，使六盘水市及境内传统村落的社会经济长期处于我国发展的末端。正是由于道路、经济等发展滞后，分散在境内的传统村落得以保存了独特并尚未被完全开发的自然环境资源和人文历史资源。在新型城镇化快速发展的今天，这些区别于城市的文化内涵显得越发珍贵。

增强村民的文化自信，修复和重视民俗文化的复兴。民俗文化中囊括村民生产生活与自然环境景观，文化自信增强需将村落的所有物质及非物质文化遗产项目与自然环境景观关联起来。各村落都有风俗文化，如按照一定时间规律进行农作物的耕种，为祈求农作物得以丰收，进行的祭山、祭树等各种祭祀活动，这些活动开展一般在各村落有固定的时间和地点。这些相关的活动与村民的日常生产生活密切相关，或这些民俗活动为村民的生产、发展服务。通过恢复村落中的相关民俗活动，可促进村民对村落传统文化的自信，也使其成为促进村落社会经济发展的契机。

传统村落的保护要与乡村旅游产业保持相互促进的关系。乡村旅游在我国已经发展 30 余年，在发展中旅游业对村落的开发与保护有不同程度的冲击和促进。从目前的现状来看，传统村落无法回避旅游业的介入。六盘水市境内资源丰富的传统村落，已经在实施保护与旅游开发相接。村落以旅游业介入，不仅促进了村落环境保护的完整性，同时促进了村民收入的增加、生活水平和质量的提高。传统村落长期以第一产业为主转向第一产业和第三产业相结合的模式。六盘水市境内传统村落在国家大力的支持引导下，省、市、县各级政府的统筹指导下，各界爱心人士的大力支持下，依托大数据发展大旅游，建设大健康的生活环境，发展以乡村旅游为主导，在攻坚脱贫中转变村落传统经济发展模式，全力走发展绿色产业，真正实现“三变”，让传统村落的资源得到盘活。

在传统村落中因村民受教育程度不同，对旅游资源开发与保护缺乏科学合理的方法和手段，政府相关职能部门和社会各界爱心人士应积极主动给予技术指导，引导村民自发关注和保护自身的传统文化；让村落居民积极主动挖掘自身传统村落的文化资源，整合资源，改变资源的传统利用模式，把独特的资源形成产业化，把产品进行产业化生产并推向世界各地，增强村民对自身文化的自信；真实有效地保护好传统文化和利用好传统文化资源，让村民得到实实在在的增收，让传统村落村民早日生活在美丽的环境中。

参考文献

[1] BEEHO A J,PRENTICE R C.Conceptualizing the experiencesof heritage tourists-A case study of New Lanark World Her-itage Village[J].TourismManagement,1997,18(2):75-87.

[2] Butler,R.Geographic research on tourism,recreation,and leisure: origins, eras, and directions[J].Tourism Geographies, 2004, 6(2), 143~162

[3] Ceballos-Lascurain." The Future of Eco-Tourism" In Mexico Journal,1988,13-14.

[4] Durie,M.H.The Business Ethic and Maori Development[M].School of Maorio Studies,Massey University,21st March 2002.

[5] HARRISON D.Cocoa,conservation and tourism: Grande Riviere,Trinidad[J]. Annals of Tourism Research, 2007, 34(4):919-942.

[6] Ka'ai,Tania.Ki Te Whaiao:An Introduction to Maori Culture and Society.Auckland[M],New Zealand:Pearson Longman,2004.

[7] KOSCAK M.Integral development of rural areas,tourism and vil

lagerenovation,Trebnje,Slovenia[J]. Tourism Management, 1998, 19(1): 81-86.

[8] MEARNS M A,DU TOIT A S A.Knowledge audit:Tools ofthe trade transmitted to tools for tradition[J].InternationalJournal of Information Management,2008,28(1):161-167.

[9] MEDINA L K.Commoditizing culture tourism and Maya identity[J].Annals of Tourism Research,2003,30(2):353-368.

[10] Page,Stephen J.,and Kaye Thorn.Towards Sustainable Tourism Development and Planning in New Zealand: The Public Sector Response Revisited[J]. Journal of Sustainable Tourism, 2002, 10(3): 222-22.

[11] REA M H.A turusato away from home[J].Annals of Tourism Research,2000,27(3):638-660.

[12] Royal,Te Ahukaramū Charles. “Māori Creation Traditions” ,Te Ara-the Encyclopedia of New Zealand.

[13] Ryan,Parehau Richards &Chris. “The Aotearoa Traditional Maori Performing Arts Festival 1972-2000.A Case Study of Cultural Event Maturation.” [J].journal of tourism and cultural change, 2004 2(2):94-117 .

[14] THOMPSON C S.Host produced rural tourism-Towa’s Tokyoantenna shop[J]. Annals of Tourism Research, 2004, 31(3): 580-600.

[15] Yangy,Li. Minorities,Tourism and Ethnic Theme Parks: Employees’ Perspectives from Yunnan[J]. China. Journal of Cultural Geography. 2011, 28(2): 311.

[16] YING T Y, ZHOU Y G.Community,governments and exter-nal capitals in China’s rural cultural tourism:A comparativestudy of two adjacent villages [J]. Tourism Management,2007,28 (1):96-107.

[17] ZEPPEL K.Cultural tourism at the Cowichan native villageBritish Columbia[J]. Travel Research, 2002, 41(3): 92-100.

[18] 邬敏.古村落保护与旅游开发的现状调查和对策思考——以奉化市董家村为例[D].学术论文联合比对库，2016.4.3.

[19] 车震宇，保续刚.传统村落旅游开发与形态变化研究[J]. 规划师，2006.6.

[20] 董虹，马智盛.中国古村落保护与开发的经济学思考——以流坑古村为例[J].科技进步与对策，2003.

[21] 高原野.汉中传统民居建筑环境整体性保护研究——以汉中洋县谢村民居为例[J].城市建筑，2016（35）.

[22] 胡冀珍.云南典型少数民族村落生态旅游可持续发展研究——以沧源翁丁佤寨为例[D].中国林业科学研究院，2012.8.1（84）.

[23] 季城迁.古村落非物质文化遗产保护研究——以肇兴侗寨为个案[J].中央民族大学，2011.

[24] 李善峰.20世纪的中国村落研究——一个以著作为线索的讨论[J].民俗研究，2004（3）.

[25] 李文兵.国外传统村落旅游研究即对我国的启示[J].湖北:地理与地理信息科学，2009（3）.

[26] 龙鸥.现代消费视角下贵州民族传统村落旅游开发思考[J].民族论坛，2016.

[27] 陆加铭.村落的形成与发展变化[J].地理教育，2007（2）.

[28] 任越.基于文化自觉的我国传统村落文化建档理论探究[J].兰台世界，2017（7）.

[29] 申小红.对非物质文化遗产保护的几点认识[J].原生态民族文化学刊，2011，3（1）.

[30] 谭小军，黄勋.旅游品牌营销研究[J].江西科技师范学院学报，2007（6）.

[31] 王景慧.从文物保护单位到历史建筑——文物古迹保护方法的深化[J].城市规划，2011：9（2）.

[32] 王珊.法国和意大利文化遗产保护的经验与启示[J].华北电力大学学报（社会科学版），2015:4（2）.

[33] 王雯慧.中央农村工作会议：走中国特色的社会主义乡村振兴道路[J].中国农村科技，2018（1）.

[34] 王玺.明代人文旅游资源初探[J].旅游纵览（下半月），2011（6）.

[35] 徐蕻.对传统古村落旅游开发发展的探讨[J].山西建筑，2010（1）.

[36] 于春玉，刘阿丽.生态旅游的可持续发展[J].绿色科技，2011（1）.

[37] 张建萍.生态旅游与当地居民利益——肯尼亚生态旅游成功经验分析[J].旅游学刊，2003（1）.

[38] 张晓萍.人类学视野中的旅游目的地负面影响研究述评[J].青海民族研究，2010（1）.

[39] 周友发.传承——非物质文化遗产保护之根[J].群文天地（贵

州），2009（1）.

[40] 车震宇.传统村落旅游开发与形态变化[M].北京：科学出版社，2008.1.

[41] 方李莉.陇戛寨人的生活变迁——梭戛生态博物馆研究[M].北京：学苑出版社，2010.

[42] 冯骥才.灵魂不能下跪：冯骥才文化遗产思想学术论集[M].银川:宁夏人民出版社，2007.

[43] 冯淑华.传统村落文化生态空间演化论[M] .北京: 科学出版社，2011.

[44] [美]弗里曼等.中国乡村，社会主义的国家[M].陶鹤山，译.北京：社会科学文献出版社，2002.

[45] 何晓昕.风水探源[M].南京：东南大学出版社，1990.

[46] 李林，王燕妮.文化遗产的保护研究[M].武汉：湖北人民出版社，2012.

[47] 刘沛林.古村落：和谐的人聚空间[M].上海：三联书店，1997.

[48] 陆林，凌善金，焦华富.徽州村落[M].合肥：安徽人民出版社，2005.

[49] 明思溥.中国的乡村生活：社会学的研究[M].陈午晴，唐军，译.北京：电子工业出版社，2016.

[50] [美]B. 约瑟夫·派恩.体验经济[M].毕崇毅.北京:机械工业出版社，2012.

[51] 阮仪三，王最慧，王林.历史文化名城保护理论与规划[M].上海:同济大学出版社，1999.

[52] 汪欣.传统村落与非物质文化遗产保护研究——以徽州传统村

落为个案[M].北京：知识产权出版社，2014.

[53] 王沪宁.当代中国村落家族文化——对中国社会现代化的一项探索[M].上海：上海人民出版社，1991.

[54] 肖波.人文城市建设研究——以六盘水市为例[M].贵阳:贵州大学出版社，2017.

[55] 张松.历史城市保护学导论——文化遗产和历史环境保护的一种整体性方法[M].上海:同济大学出版社，2008.

[56] 赵虎敬.新疆非物质文化遗产的法律保护[M].北京：人民出版社，2014.

[57] 中国博物馆学会.2005年贵州生态博物馆国际论坛论文集[M].北京：紫禁城出版社，2006.

[58] 贾楠.传统村落旅游开发莫过度[N].河北日报，2018-1-2（2）.

[59] 冯骥才.传统村落的困境与出路——兼谈传统村落类文化遗产[N].人民日报，2012-7-12（7）.

[60] 陈敏尔.贵州省2015年政府工作报告[R].贵州省人民政府公报，2015（2）.

后　记

本书是基于我国传统村落消亡速度加剧，在全国上下对传统村落进行探索开发与保护的背景下写成的。在国家的美丽乡村建设和乡村振兴发展战略的推动下，贵州省近年来对传统村落实施了全方位的探索开发与保护。六盘水市在转型中提出走新型工业化道路和大力发展大数据，健康旅游产业，从独特的喀斯特地貌着力发展山地绿色农业观光等产业。六盘水市境内的传统村落借助入选国家级传统村名录的契机，正在大力开发利用传统村落的各项资源，在新时代中奋力前进。作者以此为背景，结合生活环境和自身工作，梳理了六盘水市境内 2016 年前入选国家传统村落名录的 9 个传统村落的资源，建议在科学保护的基础上进行合理利用，处理好保护与开发利用的关系，促进传统村落区域经济得以高效地开发，促进沉睡的历史文化资源得以更加有效地传承，促进传统村落历史文化资源的回归与认同感，促进美丽乡村建设和乡村振兴。

传统村落各项历史文化深厚且涉及面非常广泛，由于作者的研究能力和认识上的局限性，本书可能还存在许多的不足，希望各位热心的读者进行指正。作者对传统村落的开发与保护利用相关工作将继续深入研究，望能为六盘水境内的传统村落保护尽绵薄之力。

该书从课题研究到形成专著出版，在此过程中得到了国家注册城市规划师肖波老师、贵州大学出版社周清等编辑、贵州省盘州市昕和城乡规划设计有限公司的大力帮助与支持，还得到六盘水师范学院、六盘水市规划局和六盘水境内各乡镇村相关工作人员的无私帮助，在此一并感谢！特别感谢田琴女士和范妮迪同学，你们是我坚实的后盾，感谢六盘水师范学院相关领导和建筑艺术学院的领导和同事，感谢彭望书、吕选周、杨再伟、张龙、王兴勇、段磊、陈鹃、匡其羽、付林江、朱雄斌、余婷、陈昕昕、肖婵、杨尊尊、程雪花、刘海涛、王颖等老师给予我工作上的大力支持、理解和帮助。同时非常感谢六盘水师范学院 2015 级风景园林专业的肖雪、徐燕琼、钟芸、叶瑾、石泽彪、杨玉和、陈耀、吴秋云、许利芳等同学在调研工作中的一路帮助与相伴！